Jésus, les Douze et le Quinze de France

et autres paraboles
qui réveillent les ouailles

Pierre Trevet

Jésus, les Douze et le Quinze de France

et autres paraboles
qui réveillent les ouailles

Illustrations d'Yves Guézou

Éditions Emmanuel

Les droits d'auteur perçus sur la vente de cet ouvrage seront intégralement reversés à la Fondation Jérôme Lejeune.
Reconnue d'utilité publique, la Fondation Jérôme Lejeune développe des programmes de recherche visant la mise au point de traitements pour la trisomie 21 et les autres déficiences intellectuelles d'origine génétique.

Illustration couverture : Yves Guézou
Conception couverture : Christophe Roger
Composition : Soft Office (38)

89, bd Auguste-Blanqui - 75013 Paris
www.editions-emmanuel.com

ISBN : 978-2-35389-574-8

Dépôt légal : 4ème trimestre 2016

Au lecteur

Dans l'Évangile, une petite phrase justifie tous les prédicateurs : « Jésus se mit à les enseigner longuement » (Mc 6, 34)...

Un jour, une dame interpella le saint curé d'Ars : « Monsieur le curé, vos sermons sont très bien, mais vous prêchez un peu trop longtemps. » Il lui répondit, avec son air ingénu : « Madame, ce ne sont pas mes homélies qui sont longues, ce sont vos dévotions qui sont courtes... » !

Nous avons la dévotion plus ou moins longue. Puissent ces pages émaillées de quantité d'histoires, de métaphores, de « blagounettes » cueillies précieusement comme autant de perles de sagesse, vous faire trouver le temps trop court !

1

Jésus révèle le vrai Dieu

I. Quelle est l'erreur du scientisme athée ?

Lorsque Jésus guérit, il ne le fait pas comme un magicien qui chercherait à se faire valoir ou à manipuler la foule. C'est toujours dans la discrétion, par amour pour une personne qui souffre, et pour nous enseigner. Quand il rend la vue à Bartimée ou à l'aveugle-né de la piscine de Jérusalem, la leçon essentielle est facile à comprendre : il nous invite à nous considérer tous comme des aveugles.

1. « De deux choses lune... l'autre étant le soleil »

Charlotte est une mignonne petite fille de 4 ans. Vive, enjouée, elle fait l'émerveillement de ses parents à cause de ses « Pourquoi ? » inattendus et de ses réparties déroutantes. Le papa et la maman de Charlotte vous diront que leur fille est tout à fait exceptionnelle. Bien sûr !... Un soir d'hiver, la petite famille revenait d'une journée passée chez Mamie. Quand on descendit de voiture devant la maison, il faisait tout à fait nuit. Une petite fille n'est jamais bien rassurée quand il fait nuit. C'est pourquoi Charlotte serrait très fort la main de son papa. Cela lui permettait en outre de garder le nez en l'air et d'admirer la lune qui brillait de tout son plein, en cette soirée glaciale.

« J'aime bien la lune, dit Charlotte tout à coup.

— Oui, dit son papa, elle est belle la lune.

— Elle est belle la lune », répète la petite, conciliante.

Mais, esprit pratique, elle ajoute aussitôt :

« Et puis elle sert à quelque chose : elle éclaire. Si la lune n'était pas là, on n'y verrait rien du tout !

— Et le soleil ? dit son papa, pour encourager la conversation. Tu aimes aussi le soleil ?

— Mmmoui... fait Charlotte, condescendante. C'est beau aussi, le soleil ! Oui, mais cela ne sert à rien.

— Pourtant, le soleil éclaire aussi : bien plus que la lune, même !

— Oui, réplique Charlotte, péremptoire. Mais le soleil, il éclaire quand il fait jour : cela ne sert à rien ! »

Elle n'avait pas encore réalisé que le soleil est la source de la lumière du jour et que la lune n'est que le reflet du soleil. N'agissons-nous pas comme la petite Charlotte ? Nous bénéficions des services des autres, de leurs compétences, de leurs attentions, de leur affection. La plupart du temps, nous savons les remercier. Mais nous prenons rarement conscience qu'ils ne sont bons, compétents, compatissants que parce qu'un Autre leur donne de l'être.

2. L'aigle et le hibou

Dans le même ordre d'idée, un jour, au Vatican, le père Raniero Cantalamessa a inventé une fable pour aider ceux qui avaient été déstabilisés par une campagne de presse disant que la seule vraie religion, facteur de progrès, faisant le salut de l'humanité, était la science. Dans les fables, les animaux peuvent parler entre eux. Le hibou est un oiseau dont l'œil est fait pour voir de nuit, pas de jour. La lumière du soleil l'aveuglerait. Le hibou se déplace à l'aise dans le monde nocturne, mais il ne sait rien du monde diurne. Imaginons qu'un aigle se lie d'amitié avec une famille de hiboux et leur parle du soleil : comment il éclaire tout, comment sans lui tout plongerait dans l'obscurité et le gel, comment leur monde nocturne même n'existerait pas sans le soleil. Le hibou ne pourrait que répondre : « Tu racontes des histoires ! Jamais vu votre soleil ! Nous nous déplaçons très bien et nous nous procurons de la nourriture sans lui ; votre soleil est une hypothèse inutile et donc n'existe pas. » Et le père Raniero Cantalamessa explique que c'est exactement ce que fait le scientifique athée quand il affirme : « Dieu n'existe pas. » Il juge un monde qu'il ne connaît pas, qui se trouve hors de sa portée. Pour voir Dieu, il faut ouvrir un œil différent, il faut se risquer hors de la nuit. Or, actuellement, l'idée est répandue partout que Dieu n'existe pas, qu'il n'est qu'une hypothèse ou une espèce de rêve pour certains esprits faibles à qui cela fait du bien d'y croire, mais qu'un jour, la science expliquera tout. Or, nous n'avons pas à choisir entre la science et la foi. Ces deux domaines sont parfaitement compatibles. Pensons à Albert Einstein. Il paraît qu'il y a actuellement moins de cinq personnes au monde qui comprennent sa théorie de la relativité dans sa totalité. Eh bien, Einstein disait : « Le hasard, c'est le nom que Dieu se donne quand il veut agir incognito ! » Le problème est que le scientisme athée diffuse beaucoup d'idées inverses à ce que dit l'Évangile. Par exemple, selon le scientisme athée, l'homme est totalement marginal et insignifiant dans l'univers. La vision chrétienne affirme en revanche que l'homme a été créé « à l'image et à la ressemblance de Dieu ».

Mais pour ne plus être aveugle, il faut se laisser éclairer par Jésus, comme Bartimée. Dès qu'on lui dit que Jésus l'appelle, il jette son manteau. Or son manteau, c'était tout pour lui. Quand il pleuvait, il lui tenait lieu de parapluie. La nuit, c'était son duvet, le jour, sa maison. Quand il faisait froid, sa couverture. Quand le soleil était trop fort, son parasol. Quand on lui donnait une galette ou des fruits, le manteau devenait garde-manger. Quand il avait la chance de recevoir un peu d'argent, c'était son coffre-fort. Il jette tout cela. Il joue son va-tout. Il s'en remet à Jésus.

3. Des hiboux éclairés

Les plus petits nous aident à entrer dans cette confiance. Une fillette de 5 ans, Madeleine, a eu, un soir, à table, cette belle réflexion : « Quand on verra Jésus au Ciel et qu'on lui demandera quel jour on est, il nous répondra toujours : "Dimanche." »

À Lourdes, le jour de Pâques au pèlerinage Foi et Lumière, on attend la procession du Saint-Sacrement. Mais aucun mouvement ne se dessine. Tout le monde est fatigué. Un monsieur s'impatiente : « Mais enfin, que se passe-t-il ? » La réponse lui vient, paisible et assurée, d'un jeune handicapé : « Ce qui se passe, monsieur, c'est que ce matin, Jésus est ressuscité. Et maintenant, nous l'attendons d'une minute à l'autre... »

En voilà deux qui ont les yeux du cœur bien ouverts !... Nous sommes tous des hiboux ; mais Jésus nous éclaire, et cela c'est vraiment « chouette » !

II. « Je suis qui je suis »

Dieu aurait-il le toupet de sauver nos libertés en nous imposant les commandements ?

4. Une faute de grammaire dans l'Évangile

René est professeur de mathématiques en lycée. Comment lui, qui a un esprit tellement scientifique, est-il arrivé à la foi ? Durant ses propres années de lycée il se posait beaucoup de questions. Il voulait rencontrer Dieu… si jamais il existait. En faculté de mathématiques, un premier déclic s'est opéré, à partir de cette réflexion : nous sommes limités par la masse (nous avons un poids contre lequel nous ne pouvons pas grand-chose), par l'espace (nous ne pouvons pas être ici et ailleurs en même temps) et par le temps. Mais Albert Einstein a démontré la relativité. Ces notions de masse, d'espace et de temps ne sont pas aussi figées que nous l'observons à notre petite mesure. Cela a suffi à René pour que son intelligence admette qu'il puisse exister une autre façon d'être. Dieu, lui, n'est pas enfermé dans la masse, l'espace et le temps que nous connaissons. C'est pour cela que Jésus peut faire une faute de grammaire comme celle du chapitre 8 de l'évangile selon saint Jean. Ce jour-là, Jésus est en discussion serrée avec les pharisiens. Ceux-ci s'apprêtent à lui jeter des pierres pour cause de paroles blasphématoires. Juste avant, ils lui disent de façon ironique : « Tu n'as pas 50 ans et tu as vu Abraham ! » Jésus leur répond : « En vérité, en vérité, je vous le dis, avant qu'Abraham fût, JE SUIS » (Jn 8, 58). Normalement, il aurait dû dire : « Avant qu'Abraham fût, j'étais. » Mais Jésus est Dieu le Fils qui existe de toute éternité. Il est Dieu pour qui il n'y a qu'un éternel présent.

« Quand ils te demanderont mon nom, tu leur diras YHWH » (cf. Ex 3, 13-15). On peut traduire par *« Je suis qui je suis »*, sous-entendu « Comment peux-tu prétendre me connaître ? Je serai toujours au-delà de ta petite "comprenote". » On peut traduire aussi par *« Je suis Celui qui est »* : Dieu n'est pas dans le passé ni dans le futur. Il est dans un présent éternel. Des exégètes disent qu'on peut aussi traduire par *« Je suis qui je serai »*, ce qui signifie : si tu marches avec moi, si tu restes fidèle, peu à peu tu pourras me connaître.

5. Qui a inventé Dieu ?

L'abbé Pierre a eu des phrases merveilleuses à ce sujet. Il disait :

> *La réponse que Dieu donne à Moïse est tout à fait impossible à mesurer, à sonder. C'est totalement inexprimable… Si on ajoute quelque chose à ce « Il est », on le diminue. Il est quoi ? Un objet ? Une idole ? Un être cosmique ? Un esprit ? Chaque mot le réduit. Mais il n'existe qu'un mot qui puisse être joint à « Il est ». Ce mot représente le bouleversement de toute la pensée humaine. C'est « Il est l'Amour ». Son être est Amour.*

Quelquefois, en catéchèse, cette question m'est posée : « On dit que c'est Dieu qui a tout créé, mais Dieu, lui, qui l'a créé ? » Alors je commence par répondre avec un peu d'humour : admettons que Dieu ait été créé. Celui qui l'a créé, on va l'appeler Super Dieu. Mais se pose aussitôt la question : « Qui a créé Super Dieu ? » C'est Super Super Dieu ? Oui, mais… qui a créé Super Super Dieu ? C'est Super Super Super Dieu ? Bon courage pour continuer !

En fait, le propre de Dieu, c'est de n'être pas créé. Nous, les hommes, pour parler de nous, nous devons dire : « Je n'étais pas, puis j'ai été, je suis, je serai peut-être, et ensuite je ne serai plus… » Pour parler de Lui, le Seigneur dit : « Je suis. » Et cela suffit. L'abbé Pierre a souvent dit que lorsqu'il a lu la réponse de Dieu à Moïse, cela a été un tournant dans sa vie. Il avait 16 ans. Il a compris que tout mot que l'on rajoute à l'Être ne fait que le rapetisser. Car plus j'en dis, plus je le limite. C'est comme l'affirmation de l'amour : Je t'aime. Il n'y a rien à rajouter. « Je t'aime », c'est beaucoup plus que « Je t'aime beaucoup ». On dit de Dieu qu'Il est transcendant : c'est le fait que Dieu n'existe pas par un autre. Les Hébreux disent qu'Il est le *Qadosh*, le Saint : c'est pour dire sa séparation d'avec tout le créé. Dieu est séparé absolument de toutes les créatures qui se rapportent cependant toutes à Lui : à Son Être quant à leur existence, à Son Excellence quant à leur bonté.

6. L'importance des « cadres »

Que fait-il ? Il a confié à Moïse qu'il est descendu pour nous délivrer. Or, il va emmener les Hébreux au désert pour leur donner les dix commandements ! Le cardinal Jean-Marie Lustiger disait dans une interview :

> *Les contraintes sont une source de liberté et de plus grande beauté. Le jour où un peintre n'est pas limité par sa toile ou par une surface déterminée, il est perdu. Le sculpteur doit respecter son chêne ou sa pierre pour faire une œuvre. Quand la contrainte disparaît, cela donne n'importe quoi. Exemple : le béton armé ! Vous faites ce que vous voulez avec le béton et vous perdez l'avantage formidable de la discipline, de la convention, de la règle qui, en fait, structure l'esprit humain.*

Si Dieu nous donne des lois très précises, c'est pour nous délivrer ! Bruno Rabourdin est de plus en plus connu. C'est un chrétien aux talents éclectiques. Il raconte qu'il avait été embauché, pour enseigner le dessin, par l'association des Orphelins Apprentis d'Auteuil. Dans le parc de l'école, on lui avait attribué un bungalow. Il l'avait aménagé en salle de dessin et il attendait ses premiers élèves, une trentaine de garçons et de filles pas très faciles et même plutôt durs. Il les fait asseoir. Certains commencent à chahuter, se moquent un peu, continuent des apartés. Bruno se présente et leur dit qu'ils vont s'apercevoir très vite que ce cours n'est pas ennuyeux du tout. Il leur demande, pour commencer, de dessiner un bonhomme sur la feuille qu'ils ont chacun devant eux. Cela lui permettra de savoir où chacun en est en dessin et quels sont les talents de chacun. À ce moment-là, il les voit tous faire la tête et dire : « Oh non !... La galère !... Pas ça !... C'est nul !... C'est trop compliqué... ! » Et nombreux sont ceux qui, d'un revers de main, jettent la feuille de dessin par terre. Pendant ces réactions qui le désarçonnent complètement, Bruno Rabourdin invoque le Saint-Esprit : « Seigneur, donne-moi vite une idée »... Et il s'entend alors leur dire : « Attendez, je n'ai pas fini » (alors qu'il n'avait en fait pas prévu autre chose, ni suite, ni solution de recours). « Attendez, je n'ai pas fini. Je vous demande de dessiner un bonhomme, oui..., mais avec un chapeau sur la tête ! » À ce moment-là, il voit les visages se détendre et les élèves s'exclament : « Alors là, oui d'accord, c'est super !... » Ceux et celles qui avaient jeté leur feuille la ramassent et tous s'appliquent pendant un bon quart d'heure. Pendant que Bruno loue le Seigneur en silence et le bénit d'avoir dénoué une situation critique, les trente jeunes réalisent des dessins tous plus beaux, plus inventifs, plus rigolos les uns que les autres : des clowns et des pierrots, des cow-boys avec le chapeau du Far West, des chapeaux pointus de carnaval, des casquettes de rappeurs, des bérets, des hauts-de-forme, des chapeaux de paille, des képis de gendarme, des chapeaux extravagants,

ET MON INSTALLATION EST TOUT EN BÉTON ARMÉ À 98%!!!
... CE QUI EST EXTRAORDINAIRE C'EST QU'AINSI ARMÉE... L'ŒUVRE N'AIT PAS CHERCHÉ À SE DÉFENDRE !!..
GUÉZOU

des élégantes au pied de la tour Eiffel, le chapeau de Charlot, etc. Cela fait réfléchir : le bonhomme, c'est trop grand, c'est trop vaste. Nous avons besoin d'un espace limité pour être créatifs. Nous avons besoin de règles précises pour nous épanouir.

7. Le plus grand commandement révèle le Mystère de la Trinité

Toutes les religions disent ce que l'homme doit faire pour Dieu. La religion chrétienne dit ce que Dieu fait pour l'homme. Et même mieux que cela ; elle dit qui est Dieu. Même quand il est question de commandement. Prenez le premier et le second commandement dont Jésus nous dit qu'ils n'en font qu'un : « Écoute, Israël, le Seigneur notre Dieu est l'unique. Tu aimeras le Seigneur ton Dieu de tout ton cœur, de toutes tes forces, de tout ton esprit. Et ton prochain comme toi-même. » Avant d'être un commandement, cette parole est une révélation. Dieu nous révèle son intimité. Car Dieu vit ce commandement en lui-même, de toute éternité. Dans l'évangile selon saint Jean, Jésus nous dit : « C'est sans mesure que Dieu donne l'Esprit : le Père aime le Fils et lui donne tout ce qu'il a » (Jn 3, 34-35). Dieu est Trinité. Le Père aime le Fils de tout son cœur, de toute sa substance, de toute sa nature, de tout ce qu'il est. Et le Fils aime son prochain — le Père — comme lui-même. C'est déjà le « Voyez comme ils s'aiment » des premiers chrétiens et de tous les chrétiens qui veulent diffuser l'Évangile. Le Père, le Fils et le Saint-Esprit nous ont sauvés d'abord en nous montrant à quel point ils s'aiment ; et cette révélation a atteint son sommet sur la croix !

III. Œil ou regard

Pourquoi la religion apparaît-elle à beaucoup de nos contemporains comme un fardeau alors que Jésus nous dit qu'il est notre repos ? Comment en est-on arrivé à une telle caricature de Dieu ? Je tire les explications suivantes d'une conférence du père Joseph-Marie Verlinde.

8. La fuite de Caïn après le meurtre d'Abel

Caïn et Abel sont les fils d'Adam et Ève. Caïn jalouse Abel. Il le tue. Victor Hugo a écrit un long poème pour décrire sa situation à la suite de ce fratricide.

Et Victor Hugo a réussi le tour de force de faire dire au texte biblique le contraire de ce qu'il contient ! Rappelons quelques extraits de ce poème : après son meurtre, Caïn fuit avec sa famille. Sa femme et ses fils lui disent de prendre un peu de repos, mais lui,

Ayant levé la tête, au fond des cieux funèbres,
Il vit un œil, tout grand ouvert dans les ténèbres,
Et qui le regardait dans l'ombre fixement.
« Je suis trop près », dit-il avec un tremblement.
[Ils s'enfuient.]
« Restons-y. Nous avons du monde atteint les bornes. »
Et, comme il s'asseyait, il vit dans les cieux mornes
L'œil à la même place au fond de l'horizon.
Alors il tressaillit en proie au noir frisson.
[Il fait monter une toile de tente.]
Et Caïn répondit : « je vois cet œil encore ! »
[...]
Il fit un mur de bronze et mit Caïn derrière.
Et Caïn dit « Cet œil me regarde toujours ! »
Hénoch dit : « Il faut faire une enceinte de tours »
[...]
L'ombre des tours faisait la nuit dans les campagnes ;
Ils donnèrent aux murs l'épaisseur des montagnes ;
Sur la porte on grava : « Défense à Dieu d'entrer. »
Quand ils eurent fini de clore et de murer,
On mit l'aïeul au centre en une tour de pierre ;
Et lui restait lugubre et hagard. « Ô mon père !
L'œil a-t-il disparu ? » dit en tremblant Tsilla.
Et Caïn répondit : « Non, il est toujours là. »
[Finalement, il demande à ce qu'on creuse un trou. Il y descend.]
Puis il descendit seul sous cette voûte sombre.
Quand il se fut assis sur sa chaise dans l'ombre
Et qu'on eut sur son front fermé le souterrain,
L'œil était dans la tombe et regardait Caïn[1].

---

1. Victor Hugo, « La conscience », *La légende des siècles*, 1859.

9. Dieu et le « surmoi »

Disons-le tout de suite : cet œil qui poursuit inlassablement Caïn n'est pas Dieu. C'est ce que Freud appelle le « surmoi », une espèce de logiciel informatique chargé d'aider le « moi » conscient à contrôler nos pulsions. Il a été constitué dans notre enfance à partir des liens avec le papa, la maman, les frères et sœurs, ce que nous avons imprimé pendant la grossesse de notre maman, et puis aussi les générations précédentes, ce qu'on en sait et les non-dits (*Aïe, mes aïeux !*[1]). Or, cet « œil » est intransigeant. Il n'a aucune compassion. Il est culpabilisant, moralisateur. La Bible dit clairement que le Seigneur protège Caïn qui a peur d'être tué. « Le Seigneur dit : "Si quelqu'un tue Caïn, on le vengera sept fois." Et le Seigneur mit un signe sur Caïn afin que le premier venu ne le frappe point » (Gn 4, 15). Les anciens ont peut-être entendu de leur catéchiste cette mise en garde : « Une fourmi noire sur une pierre noire, dans la nuit noire, Dieu la voit. » Une petite fille prenant conscience de l'œil de Dieu disait : « Si Dieu m'a vue dans la salle de bains, alors c'est un vilain voyeur. » Rappelons-nous le troisième chapitre de la Genèse. Adam et Ève viennent de manger le fruit défendu. Le bon Dieu arrive avec ses boules de pétanque et sa bouteille de pastis... Il ne les trouve pas... « Homme où es-tu ? » Et Adam répond : « Je t'ai vu dans le jardin, mais j'ai eu peur, parce que je suis nu, alors je me suis caché. » Dieu fait-il semblant de ne pas avoir vu Adam ? Non, Il ne fait pas semblant. Il est sincère. Imaginons : Un jour, le bon Dieu veut descendre dans ma cave. J'hésite à accepter parce que je ne suis pas fier de ce qu'Il peut y découvrir. Finalement, Il insiste tellement que j'accepte. Je L'avertis qu'Il risque de trouver beaucoup de détritus, d'immondices et de pourriture. Il me dit : « Bon, où est-ce ? » Je lui réponds : « Là, derrière la porte. » Le bon Dieu y va... Il regarde attentivement. Il me dit : « Mais non, je ne vois rien. Tu vois, tout est propre ! » Dieu ne voit pas notre péché puisqu'Il est lumière. Le prophète Habaquq dit : « Tes yeux sont trop purs pour voir le mal » (Ha 1, 13). Ce qu'Il voit, ce sont les conséquences du péché, nos blessures, dans quel état le péché nous a mis.

Or que nous dit-on dans les médias ? Nous tient-on ce discours ? On nous présente la religion plutôt comme l'œil dont parlait Victor Hugo. L'œil,

1. Titre du livre d'Anne Ancelin Schützenberger (Paris, Desclée de Brouwer, coll. « La méridienne », 1993).

c'est le remords morbide qui poursuit le meurtrier jusque dans la tombe. On comprend que Victor Hugo ait fini par abandonner la religion catholique. On comprend pourquoi Freud parlait de la religion comme d'une « névrose obsessionnelle ». Un ami protestant lui avait écrit qu'il parlait de ce qu'il ne connaissait pas. Mais il nous a rendu service en pointant la caricature. L'œil est le symbole des reproches, de la culpabilité, des accusations que nous nous infligeons à nous-mêmes. Les médias ne nous parlent pas de Jésus qui, lui, nous regarde avec deux yeux.

Le Seigneur n'est pas un œil. C'est un Regard. Deux yeux pour être à la fois exigeant et miséricordieux, cadrant et plein de tendresse, paternel et maternel (cf. *Le Retour du fils prodigue*, chef-d'œuvre de Rembrandt où il a représenté une main féminine et une main masculine pour le père du fils prodigue). Juge juste et berger patient, autoritaire et compatissant... Il ne nous surveille pas d'un œil vengeur, d'un œil de reproche. Il veille sur nous d'un regard qui procure le repos. Puissions-nous tous nous sentir ainsi en-visagés en vérité.

IV. Dieu en pole position

La liberté, n'est-ce pas dire oui à un amour qui hiérarchise tous les biens ?

10. La crise

À défaut de résoudre la crise, on peut en sourire. Les cheminots voulaient garder leur train de vie mais la crise est arrivée sans crier gare. Avec cette crise, tout le monde souffre. Les problèmes des boulangers sont croissants. Les éleveurs de volailles se font plumer. Les éleveurs de chiens sont aux abois. Les pêcheurs haussent le ton. Les viticulteurs trinquent. Pour les couvreurs, c'est la tuile. Dans les usines automobiles, les salariés débrayent. Et la direction fait marche arrière. Les veilleurs de nuit vivent au jour le jour. Les ambulanciers ruent dans les brancards. Pendant que les pédicures travaillent d'arrache-pied, les cordonniers sont mis à pied. Les dessinateurs font grise mine. Les imprimeurs dépriment. Même les météorologues sont en dépression.

Le président du Conseil de l'Europe, M. Van Rompuy, a dit que « l'Europe traverse une crise économique et monétaire mais aussi une crise morale ».

Benoît XVI allait plus loin en précisant que « l'homme d'aujourd'hui ne croit plus à l'immensité et à la beauté de sa vocation divine. Il ne veut pas croire que Dieu s'occupe de lui, le connaît, l'aime, le regarde, est à côté de lui ».

11. Le partage de la quête du dimanche

On raconte avec humour que trois prêtres curés de paroisse font la causette après le repas de la journée du conseil presbytéral. Un premier commence :

« Comment faites-vous pour répartir les quêtes entre le bon Dieu et vos besoins personnels ?

— C'est très simple, répond l'un des deux autres, j'ai tracé à la craie un cercle sur le carrelage de la sacristie. Je jette en l'air les pièces et les billets de la quête. Tout ce qui tombe à l'intérieur du cercle, c'est pour moi. Tout ce qui tombe à l'extérieur, c'est pour le bon Dieu.

— Et toi ?

— Moi, j'ai eu un peu la même idée. Mais, sur le sol, j'ai tracé simplement un trait blanc. Je jette le contenu du panier en l'air. Ce qui tombe à droite de la ligne blanche, c'est pour moi, tout ce qui tombe à gauche, c'est pour le bon Dieu.

— Et toi, demandent en chœur ses deux confrères au troisième, comment fais-tu ?

— Oh, moi... une fois à la sacristie, après la messe, je jette le contenu du panier de la quête en l'air et je dis au bon Dieu : "Prends bien tout ce qu'il faut." Et moi, je ramasse tout ce qu'il laisse retomber »... !

12. La prérogative de Dieu

C'est une « blagounette », mais elle peut nous faire réfléchir. Que donnons-nous à Dieu ? Quelle place Dieu doit-il avoir dans nos vies ? Il n'y en a qu'une qui convienne, et pour lui, et pour nous : la première. Pourquoi Dieu a-t-il cette prérogative ? Pour au moins trois raisons.

Premièrement parce qu'Il est notre Créateur. Il nous tient dans l'existence en permanence. Sans cesse, Dieu travaille avec patience à donner son amour. Il s'est engagé à être source d'amour pour des milliards de personnes pour une éternité. Des parents disent parfois : « Notre fils a 36 ans et il est encore à la maison, ah là, là !... » Dieu, Lui, ne s'impatiente jamais envers personne.

TU TE SOUVIENS, JEAN-MAURICE, QUAND TU NOUS RÉPÉTAIS SANS CESSE : ...
« A 18 ANS, JE FOUS LE CAMP !! »...
EUH, OUI??!...
EH BIEN, MON PETIT COCO... ON ATTEND TOUJOURS!...

Deuxièmement, ce Dieu devrait nous impressionner, se faire craindre. Or, Il souhaite nous aimer d'une manière tellement proche. Quand on voit un enfant dans une poussette, on s'approche naturellement pour le voir. Demandez à des jeunes parents la place que prend un bébé. Tout se repositionne à partir de sa chambre. Dieu est au milieu de nous comme un bébé. De plus, Ses bras sont continuellement ouverts. Ils sont cloués éternellement dans cette position sur la croix pour nous dire Sa Tendresse, Sa Miséricorde, Sa Proximité. Une jeune étudiante, un jour, vient trouver un père jésuite. Elle partage à cet homme à l'esprit très ouvert combien elle est enthousiasmée par sa découverte du bouddhisme et désireuse de se convertir. Il lui répond : « Que penseriez-vous d'une religion qui dirait que Dieu est devenu tout ce que nous sommes pour que nous, nous puissions devenir tout ce qu'est Dieu ? » Elle trouve l'idée absolument fantastique et demande : « Quelle est cette religion merveilleuse ? — Le christianisme. »

13. Le Centre de décision

Comment veiller à ce que le Seigneur ait la seule place qui Lui revienne, la « pole position ? » Par l'assiduité à la prière quotidienne... Par la fidélité à la messe du dimanche où Il nous donne rendez-vous... Par la lecture de sa Parole... Par la fréquentation des saints qui sont l'Évangile en chair et en os... Tant que nous laissons ces obligations en option, c'est notre « moi » qui reste le centre de décision. Quand notre vie s'organise autour de ces rendez-vous réguliers, c'est que le Seigneur est en train d'en devenir le Centre.

Il y a une autre raison pour laquelle nous avons tout à gagner à mettre le Seigneur au centre : on ne grandit que lorsqu'on se sait regardé. Un acteur célèbre qui a tourné aux côtés de Jean Gabin dit volontiers combien l'œil de ce dernier l'a aidé. Le regard du papa surtout est important. Quand on se sait regardé par le papa, on se sent pousser des ailes. Quand je sais que le Seigneur non pas me « surveille » mais « veille sur » moi, je m'élargis, je me dilate, je prends mon envol. Et même la crise peut être vécue dans l'espérance, car l'espérance, ce n'est pas la certitude que tout finira bien ; c'est la certitude que tout a un sens, que cela finisse bien ou non.

V. Pour de vrai

La vérité ne se trouve-t-elle pas dans d'apparents paradoxes ?

14. Les apparents paradoxes de Dieu

Jésus dit à Pilate qu'il est roi parce qu'il rend témoignage à la Vérité. Qu'est-ce que cela veut dire ? Que Jésus soit la Vérité en personne, cela veut dire que Jésus est Dieu pour de vrai, qu'il est homme pour de vrai, qu'il est mort pour de vrai, qu'il est ressuscité pour de vrai. Jésus n'est pas mi-Dieu mi-homme. Il est vraiment Dieu, si bien que la Vierge Marie n'est pas seulement appelée « la maman de Jésus », mais « la mère de Dieu ». Jésus n'a pas fait semblant d'être homme : il a souffert pour de vrai, il a eu peur pour de vrai, il a eu mal pour de vrai. C'est très éclairant. Tout d'abord en ce qui concerne ce que nous croyons de Dieu. Nous progresserons dans la vraie connaissance de Dieu si nous acceptons des choses apparemment contradictoires.

Dieu est vraiment Tout-Autre que nous, mais Il est vraiment tout proche.

Dieu nous donne tout, absolument tout, mais Il mendie notre Amour.

Dieu est extrêmement juste (Il ne laisse rien passer), mais Il est infiniment miséricordieux.

Dieu est infiniment heureux, mais Il communie à nos souffrances.

Dieu est vraiment tout-puissant, mais Il nous laisse vraiment libres.

Die est rejeté, mais Il est toujours là.

Dieu est vraiment trois personnes vraiment distinctes, mais Il est Un.

C'est en tenant ces bouts opposés que nous avançons dans la Lumière.

15. Le sens des mots

Que Jésus soit la Vérité nous éclaire aussi sur des choses très concrètes Le père Jean-Marie Petitclerc est prêtre disciple de saint Jean Bosco. Il est aussi polytechnicien et éducateur spécialisé, consulté par les ministres. Un jour, dans une interview, on lui demandait : « Si vous pouviez faire un miracle… » Il a répondu : « Je redonnerais leur sens aux mots. Par exemple, beaucoup de problèmes aujourd'hui viennent du fait que l'on confond "tolérance" et "respect". Chaque personne est infiniment respectable mais il y a des comportements intolérables, des opinions intolérables. » Il expliquait : « Au nom de la tolérance vis-à-vis des personnes, on a relativisé les repères. Or, on ne peut pas éduquer dans la tolérance. On ne peut éduquer que dans les repères. Tous les comportements ne se valent pas : certains construisent l'homme, d'autres le détruisent. Respecter l'autre, c'est parfois manifester son intolérance vis-à-vis de ses comportements. C'est en disant non que je le respecte. »

Aujourd'hui circulent des mots trompeurs (ils « euphémisent » la réalité ; par exemple l'acronyme Fivete — qui fait penser à fauvette — pour éviter de parler de fécondation in vitro), des mots sidérants (ils ont pour but de dévaloriser l'adversaire ; par exemple le mot « xénophobe », le mot « réactionnaire » ou l'expression « créer la polémique »), des mots subliminaux (ils créent des réflexes ; par exemple le mot « pactiser », puisqu'à l'origine on pactise avec le diable), des mots tabous (comme les mots « nations », « races », « souveraineté », remplacés par gouvernance), des mots marqueurs (par exemple « moderniser »).

16. La vérité est dans la conjonction « et » et non pas « ou »

Les vrais éducateurs savent que la vie, ce n'est pas la conjonction « ou ». C'est la conjonction « et ». De la même façon que l'être humain est corps *et* âme, ainsi en ce qui concerne l'éducation, c'est toujours *et... et...* : amour *et* rigueur, récompense *et* sanction, un être individuel *et* social, savoir obéir *et* savoir user de sa liberté, des hiérarchies *et* tous les hommes sont égaux en dignité (pas en fonction). « La vie c'est toujours l'union des contraires », nous dit saint Thomas d'Aquin.

Les médias nous ont rendus simplistes, voire manichéens, en tout cas « binaires » : tout serait blanc ou noir. Il n'y aurait pas d'intermédiaire. Le système informatique est un monde binaire qui ne comporte que deux états. Ce serait juste ou faux, correct ou incorrect. Or la réalité est souvent tout autre. Puissions-nous faire avancer le Royaume de Jésus en privilégiant toujours la conjonction de coordination « et », que ce soit au niveau de notre foi, au niveau de nos relations ou lorsque nous faisons œuvre d'éducation.

2

Jésus est Dieu qui s'incarne

I. En « avent » dans la joie !

Pendant le temps de l'Avent, deux « figures » rayonnent : la Vierge Marie, bien sûr, et saint Jean Baptiste. Par ailleurs, le troisième dimanche de l'Avent est le dimanche de la joie.

17. Un saint Jean-Baptiste aujourd'hui

On peut se poser la question : comment saint Jean Baptiste, lui qui est plutôt austère et exigeant, peut-il nous conduire à la joie ? C'est que saint Jean Baptiste représente très bien le rôle que le Seigneur attend de chacun de nous. Je ne suis pas le sauveur du monde mais je peux amener au Sauveur. Je ne suis pas la lumière du monde mais je peux être la lampe qui porte la Lumière. Je ne suis pas le chemin, mais je peux l'indiquer.

Un exemple. Le père Matthieu Dauchez est éducateur de rue à Manille. Sa fondation, « Un pont pour les enfants », s'occupe actuellement de mille cinq cents enfants jetés à la rue. Quand il en parle, il commence par énumérer les misères de ces enfants. Des petits de 4 ans sont retrouvés avec des cailloux dans leur estomac parce qu'ils ne savent pas comment tromper la faim qui les tenaille. En eux, on est allé jusqu'à éteindre la flamme de vie, pourtant si vivante en tout enfant. Souvent, ils dorment sur des poubelles ou trouvent refuge au cimetière, morts parmi les morts. Comme dit le Psaume 31 (30), verset 13, « on m'ignore comme un mort oublié, comme une chose qu'on jette ». Mais le père Dauchez témoigne aussi du miracle du pardon. Les enfants ne s'en sortent que grâce au pardon. Quand on est marqué au fer rouge par des blessures comme l'abandon ou le fait d'avoir été vendu par ses propres parents, on ne peut pas oublier. Chaque jour, on va penser à son agresseur. Mais chaque jour aussi, on va tenter de lui pardonner. Ce pardon sans cesse renouvelé sera comme un ressort de vie.

Le père Matthieu Dauchez cite des anecdotes qui montrent que la foi déplace les montagnes. En voici deux :

Un jour, un adolescent lui dit : « Père, je sais qui est Jésus. Jésus c'est celui dont les prêtres prennent soin !... » Jamais personne ne lui avait donné cette définition si belle du sacerdoce.

Un autre soir, il voit revenir de l'école un enfant tout triste. « Que se passe-t-il, Darwin ? » L'enfant lui explique que les copains de l'école se sont moqués de lui : « T'es un enfant de fondation, hou ! T'es un enfant de fondation, hou !... » Le père Dauchez le réconforte : « Eh bien oui, tu dois en être fier. La fondation... c'est ta famille ; tu dois prendre cela comme un compliment... » Le lendemain, l'enfant revient avec un large sourire aux lèvres : « J'ai demandé à mon copain combien il avait de frères et sœurs ; il m'a dit : "Quatre". Je lui ai répondu : "Eh bien moi, j'en ai 267 !" »

18. Porteurs de joie pour les autres et pour soi

Voilà l'Évangile : parce qu'un « Jean Baptiste » tourne les cœurs vers Jésus, des scandales abominables, révoltants, honteux pour notre humanité sont transformés en de la force de vie, moyennant la grâce du pardon, du sur-don qui vient de Dieu. Le père Dauchez est un Jean Baptiste. Mais chacun de nous peut en être un aussi. Une maman m'a raconté qu'elle avait proposé à ses enfants de regarder ensemble une partie du film *Jésus de Nazareth*. Dans la chambre, au moment du coucher, sa petite fille de 6 ans lui dit : « Si tu savais comme j'aime Dieu, mais... que Dieu. Même toi maman, je n't'aime plus. J'aime que Dieu. » Cette maman était remplie de joie, tellement heureuse de remplir sa mission de « Jean-Baptiste » auprès de sa fille.

Cette mission de saint Jean Baptiste nous pouvons la vivre pour nous-mêmes. Jésus est le Sauveur ; à chaque messe nous rappelons comment Jean Baptiste l'a désigné : « l'Agneau de Dieu qui enlève le péché du monde ». Quand je vais me confesser, je sais que Jésus m'a enlevé mes péchés.

Vraiment. Et si, dans ma conscience, « on » vient à me les rappeler pour me dire : « Tu vois comme tu es nul ; tu t'es mis en colère pour rien ; tu as été capable de te laisser décourager pour un rien ; tu avais promis et puis tu n'as pas fait, etc. etc. » (il y en a un qui sait très bien profiter de nos fatigues, de nos scrupules, pour nous culpabiliser), eh bien, dans ce cas-là, je peux dire : « Ah, excusez-moi, je n'ai plus le dossier ; j'ai tout remis à mon avocat, Jésus. Il a tout pris sur lui ; c'est lui qui en répond devant le Père ; adressez-vous à lui. » C'est ainsi que nous expérimentons la joie de Dieu. En surface, il peut y avoir des tempêtes, mais le fond reste dans l'espérance.

II. Le plus beau cadeau de Noël

Quelle est la meilleure représentation de Dieu ?

19. Le perroquet et l'Évangile

On raconte que trois garçons, trois frères, avaient quitté leur maison en Italie pour faire fortune aux États-Unis. Un jour ils décident d'envoyer un cadeau à leur vieille maman restée en Italie. Le premier lui fait bâtir une grande maison. Le deuxième lui fait envoyer une Mercedes avec un chauffeur. Le troisième, sachant combien sa maman est pieuse mais qu'elle ne voit plus très bien, lui fait parvenir un perroquet qui peut réciter tout l'Évangile. Cela a pris douze ans à vingt moines dans un monastère pour le lui faire apprendre. Ce fils a dû payer un million de dollars ! Un peu plus tard, la mère envoie des lettres de remerciements : « Marco, écrit-elle au premier fils, la maison est bien jolie mais elle est trop grande. Je ne vis que dans une pièce mais je dois entretenir toute la maison ! » « Angelo, écrit-elle au deuxième fils, je suis trop vieille pour voyager. Je reste à la maison tout le temps, alors je n'utilise jamais la Mercedes. Et le chauffeur s'ennuie beaucoup ! » « Marcello, tu as été le seul de mes fils à vraiment comprendre ce que ta mère désirait. Ton poulet était vraiment délicieux ! »

20. Le premier des cinq sens

Cette « blagounette » peut nous aider à mieux saisir le mystère de Noël.

D'abord elle peut nous rappeler que le cadeau que nous préférons, de la part de ceux que nous aimons, c'est leur présence physique. Le succès du film *Intouchables* ne s'expliquerait-il pas par ce désir de proximité ? Tant pis pour la perte de notre triple A, nous avons d'autres ressorts que la relance de la consommation… ! Saint Thomas d'Aquin dit que le toucher est le plus humain des cinq sens. Les aigles voient mieux que nous ; par rapport aux chiens, notre odorat ne vaut rien ; les dauphins perçoivent des sons que nous ne pouvons pas entendre. Mais le toucher est vraiment le sens propre à la personne humaine. C'est la raison pour laquelle l'abus du toucher, ou le toucher sans amour, est si épouvantable, parce qu'il détruit l'essence même du toucher qu'est la réciprocité. Dieu aurait pu se contenter de nous donner des directives depuis le Ciel. Eh bien, il est venu sur la terre ; depuis deux millénaires, il y est en permanence, au plus près de ceux qui veulent bien lui ouvrir ne serait-ce que leur « étable », c'est-à-dire leur cœur même pas très propre. En Jésus Dieu nous touche et il se laisse toucher, ne serait-ce que dans l'eucharistie.

Deuxièmement, est-ce que nous recevons Dieu à la mesure de ce qu'il est ? Est-ce que nous ne prenons pas l'oiseau hyper rare, hyper précieux, pour un vulgaire poulet ? Quand nous réduisons Dieu à un enjoliveur des grandes étapes de notre vie, à un tranquillisant (« Je me sens bien quand je prie »), à un bouche-trou commode (« Il y a bien quelqu'un qui a fait l'univers »), à un marionnettiste (« Qu'est-ce que j'ai fait au bon Dieu pour qu'il m'arrive cette épreuve ? »), à une caissière de supermarché (« Il me fait payer tous les bons moments »), à une menace (« Jésus va te punir »), à un dépanneur occasionnel !

Celui qui vous dit d'une autre personne : « Elle gagne à être connue ! » la connaît davantage que vous, il vous invite à la regarder différemment, à la regarder avec le cœur plutôt qu'avec les yeux, pour découvrir que, sous une carapace extérieure peut-être un peu repoussante, cette personne a un « intérieur » rempli de bonté et de bienveillance. Nous avons tous une idée sur Dieu dans la tête. Mais cette idée correspond-elle à la réalité ? Dieu gagne à être connu.

21. Ascenseur

Pourquoi Dieu se fait-il petit bébé ? Nous avons tous pris dans notre vie un ascenseur. Un ami raconte qu'un jour, en ouvrant la porte d'un ascenseur, il voit un enfant de 7 ans, blotti par terre, son cartable sur le dos : « Mais que fais-tu là ? » La réponse, inattendue, fuse aussitôt : « Je ne fais pas le poids. » Il réalise alors que cet ascenseur est « étudié » pour qu'un utilisateur pesant moins de 25 kg ne puisse pas s'en servir. Après être monté avec l'enfant à son étage, les idées vont bon train dans sa tête car tout événement surprenant suscite réflexion : Quel adulte ferait le poids pour s'élever au plus haut du ciel ? Aucun être humain ne peut prétendre rejoindre Dieu si celui-ci ne vient le chercher, se mettre à ses côtés, pour le hisser jusqu'à lui. Jeune ou vieil écolier de la vie, redisons-nous : « Je ne fais pas le poids. » Alors ne cherchons plus à nous élever par nos seules propres forces, mais, blottis comme un enfant, mettons notre confiance dans celui qui nous élèvera.

III. Bien ajustés

22. Je n'y suis pour rien

Je vous conseille d'aller voir sur internet un fou rire, celui de Mgr Desmond Tutu, archevêque anglican d'Afrique du Sud, compagnon de Nelson Mandela. Il suffit de taper son nom et « saint Joseph ». Dans une conférence il raconte ce qui s'est passé quand Joseph a frappé à la porte d'une auberge pour demander de l'aide : « S'il vous plaît, pourriez-vous nous accueillir parce que ma femme est enceinte et qu'elle est sur le point d'accoucher ? » L'aubergiste lance : « Si votre femme est enceinte, moi, je n'en suis pas la cause. » Saint Joseph répond du tac au tac : « Moi non plus, je n'y suis pour rien »... ! Et Mgr Desmond Tutu part d'un grand éclat de rire.

La question est là : Joseph n'est pour rien dans la naissance de Jésus parce que Jésus est Dieu-le Fils qui a parcouru des milliards d'années-lumière de kilomètres et qui est maintenant à notre porte. Mais au fond, nous sommes tous comme saint Joseph. Dieu a fait irruption dans ma vie au jour de mon baptême. Et maintenant, qu'est-ce que j'en fais ? Saint Joseph aurait pu accaparer cet enfant, se l'approprier. Nous pouvons dire : « J'ai bien de la chance de connaître Jésus. Les autres... qu'ils se débrouillent. » Saint Joseph aurait pu le négliger, l'insécuriser, le laisser pousser comme une plante sauvage. Nous pouvons le laisser dans les oubliettes. Saint Joseph aurait pu se dire que c'étaient des enfantillages, du rêve. Nous pouvons facilement réduire Jésus à une idée, dire qu'il y a d'autres choses beaucoup plus sérieuses.

23. Les orgueilleux et les humbles mis au niveau de Dieu

La Bonne Nouvelle de Noël, c'est que l'amour n'est pas resté abstrait. Dieu a tenté de se faire entendre par l'homme dans des formes différentes et il n'a jamais été entendu : il a tenté le chuchotement, l'autorité, la douceur, la fermeté, mais rien n'y a fait vraiment. Alors cette nuit, Dieu prend corps parce que l'homme ne peut pas se contenter de discours qui lui disent qu'on l'aime. Il a besoin de preuves. Jésus est là. Il est la preuve que Dieu est Amour, qu'Il aime chacun, avec ses défauts, ses « planètes intérieures ». Comment nous sauve-t-Il ? Il nous permet d'identifier nos défauts sans nous culpabiliser mais en vérité. Il vient visiter nos blessures. Dans son Magnificat, la Vierge Marie nous dit qu'Il détrône les puissants et relève les faibles, qu'Il fait tomber les orgueilleux et qu'Il élève les humbles. Que veut-Il nous dire ? Il y a deux mouvements dans ces paroles. Il renverse les puissants de leur trône et Il élève les petits, Il fait tomber les orgueilleux et il relève Israël Son serviteur. Au fond, il met tout le monde au même niveau, à Son niveau. Le Seigneur ne veut pas que nous Le regardions de haut ; cela fait notre malheur. Il ne veut pas non plus que nous nous dévalorisions, que nous nous piétinions. Il nous veut en vis-à-vis, en côte à côte, en cœur à cœur. C'est la foi qui nous permet d'être ajustés au Seigneur, de nous trouver à notre juste place.

24. Un texte inattendu de Jean-Paul Sartre, philosophe athée

Voici une évocation très forte du mystère de la confiance, écrite à la demande d'un prêtre par un philosophe faisant profession d'incroyance, au plus noir de l'hiver 1940, dans un camp de prisonniers, afin d'aider ceux qui étaient enfermés là à garder confiance. C'est le père Boisselot, dominicain, qui a obtenu de son compagnon de captivité Jean-Paul Sartre qu'il aide par cette page ses compagnons de misère :

Comme c'est aujourd'hui Noël, vous avez le droit d'exiger qu'on vous montre la crèche. La voici. Voici la Vierge et voici Joseph et voici l'Enfant Jésus. Mais écoutez : vous n'avez qu'à fermer les yeux, je vous dirai comment je les vois au-dedans de moi. La Vierge est pâle et elle regarde l'enfant. Ce qu'il faudrait peindre sur son visage, c'est un émerveillement anxieux qui n'apparut qu'une fois sur une figure humaine car le Christ est son enfant, la chair de sa chair et le fruit de ses entrailles. Elle l'a porté neuf mois et elle lui donnera le sein, et son lait deviendra le sang de Dieu. Et, par moments, la tentation est si forte qu'elle oublie qu'il est Dieu. Elle le serre dans ses bras et elle dit : Mon petit ! Mais à d'autres moments, elle demeure tout interdite et elle pense : Dieu est là. Toutes les mères sont ainsi arrêtées par moments devant ce fragment de leur chair qu'est leur enfant et elles se sentent en exil devant cette vie neuve qu'on a faite avec leur vie et qu'habitent des pensées étrangères. Mais aucun enfant n'a été plus rapidement arraché à sa mère, car il est Dieu et il dépasse de tous côtés ce qu'elle peut imaginer. Il y a d'autres moments, rapides et glissants, où elle sent à la fois que le Christ est son fils, son petit à elle, et qu'il est Dieu. Elle le regarde et elle pense : « Ce Dieu est mon enfant. Cette chair est ma chair. Il est fait de moi, il a mes yeux et cette forme de sa bouche est la forme de la mienne. Il me ressemble. Il est Dieu et il me ressemble. » Et aucune femme n'a eu de la sorte son Dieu pour elle seule. Un Dieu tout petit qu'on peut prendre dans ses bras et couvrir de baisers, un Dieu qui sourit et qui respire, un Dieu qu'on peut toucher et qui vit. Et c'est dans ces moments-là que je peindrais Marie, si j'étais peintre, et j'essaierais de rendre l'air de hardiesse tendre et de timidité avec lequel elle avance le doigt pour toucher la douce petite peau de cet enfant-Dieu dont elle sent sur les genoux le poids tiède et qui lui sourit. Et voilà pour Jésus et pour la Vierge Marie. Et Joseph ? Joseph, je ne le peindrais pas. Je ne montrerais qu'une ombre au fond de la grange et deux yeux brillants. Car je ne sais que dire de Joseph, et Joseph ne sait que dire de lui-même. Il adore et il est heureux d'adorer. Et toute la vie de Joseph, j'imagine, sera pour apprendre à accepter. Joseph ne sait que dire de lui-même. Il adore. Et il est heureux d'adorer[1].

---

1. Cité dans P. Bernard Bro, *Peut-on éviter Jésus-Christ ?*, Paris, Éd. de Fallois/Éd. saint-Augustin, 1995, p. 173-174.

25. Le petit berger et le clown

Et si je me sens trop pauvre pour me comparer à saint Joseph, je peux penser à ce qu'on raconte : parmi les bergers qui accoururent la nuit de Noël pour adorer l'Enfant, l'un était tellement pauvre qu'il n'avait vraiment rien à offrir et il en avait terriblement honte. Arrivés à la crèche, ils se pressaient tous pour offrir leurs cadeaux. Marie ne savait comment faire pour tous les prendre, étant donné qu'elle tenait l'enfant dans ses bras. Voyant le berger les mains libres, elle lui confia Jésus. Sa chance a été d'être arrivé les mains vides. À un autre niveau, ce sera aussi la nôtre.

Un vieux chant évoquait la visite des Rois mages à Jésus. La chanson disait notamment que les trois mages étaient arrivés à la grotte, avec amour, en apportant leurs dons — l'or, l'encens et la myrrhe —, et qu'ils étaient accompagnés de beaucoup de serviteurs dont un clown. Cet homme, petit et vêtu de façon cocasse, n'avait pas été jugé digne d'être présenté à la Sainte Famille. Il était donc resté en arrière et un mur de personnes se dressait entre lui et l'Enfant Jésus. Comme il était petit de taille, il ne voyait rien ; aussi faisait-il des bonds pour voir Jésus. Son agitation faisait sonner les clochettes accrochées à son costume de bouffon. En entendant ce tintement, qui risquait de réveiller le nouveau-né, la Vierge demanda qui en était l'auteur. Le mur de gens s'ouvrit et quelqu'un désigna le clown comme le responsable du tapage. La Mère du Sauveur lui sourit et, une fois reçus les cadeaux des Rois mages, elle demanda à ce pauvre homme quel cadeau il avait apporté à Jésus. Le clown avait les mains vides, mais il répondit assez vite : « J'apporte ma capacité à m'émerveiller. » Bien vivre Noël n'est-ce pas d'abord cultiver l'émerveillement et chercher à s'émerveiller avec gratitude parce que Dieu nous aime, au point de descendre au milieu de nous ? N'est-ce pas aussi me regarder comme Lui me regarde, dans la lumière de Sa Sainteté, et dans l'Amour de Son Cœur qui se donne à nous ? C'est avec ce regard dans les yeux et dans le cœur que nous pouvons chercher à regarder les autres qui sont, avec moi, devant la crèche.

La vraie joie, avait dit Benoît XVI au cours d'une audience, n'est pas le fruit du divertissement, c'est-à-dire « sortir des engagements de la vie et de ses responsabilités » : c'est « quelque chose de plus profond ». Cette « vraie joie », avait-il expliqué, n'est pas « un simple état d'âme passager, ni quelque chose que l'on obtient avec ses propres forces », mais « un don » qui naît de « la rencontre avec la personne vivante de Jésus, de l'espace que nous lui faisons en nous, de l'accueil que nous réservons à l'Esprit Saint qui guide notre vie ».

IV. Le petit Prince-de-la-Paix

L'Évangile est vraiment insurpassable. Les plus belles œuvres, souvent, s'inspirent de cette « joyeuse annonce » de Jésus à la fois Dieu-le Fils et fils de la Vierge Marie. Ainsi *Le Petit Prince* d'Antoine de Saint-Exupéry. Ce conte philosophique peut nous émouvoir, nous émerveiller. Il peut aussi nous aider à mieux entrer dans le Mystère de cette naissance de Jésus qui bouleverse ceux qui veulent bien se laisser bouleverser. Ce récit du *Petit Prince* a l'avantage de faire résonner l'Évangile en nous rappelant deux ou trois vérités en passant.

26. Il visite chacune de nos « planètes »

Premièrement, le salut ne veut venir que d'En-Haut. Un aviateur en panne dans le désert voit soudain un petit prince. Il va découvrir qu'il vient d'une autre planète. Le salut, c'est-à-dire la réussite de nos vies, vient d'Ailleurs. C'est la mode de dire : « Je gère, je contrôle, j'assure, je maîtrise. » Mais ce n'est pas vrai. Nous ne pouvons pas nous en tirer tout seuls. Faisons confiance au plus grand de tous, à Celui qui est très au-delà des cieux et qui se fait le plus petit en cette nuit de Noël.

Deuxièmement, chacun des personnages rencontrés représente bien l'individualisme qui fait tellement de ravages aujourd'hui. Mais — bonne nouvelle — chacun a droit à la visite de Jésus.

Troisièmement, il nous sauve en pointant nos défauts et en nous proposant de les transformer en qualités. En effet, les planètes que le petit prince a visitées avant d'arriver sur la planète Terre peuvent très bien se trouver en chacun de nous. Par exemple celle de la rose. En chacun de nous, il y a une rose, une rose un peu prétentieuse, coquette, centrée sur elle-même.

> *« Ah ! Je me réveille à peine... Je vous demande pardon... Je suis encore toute décoiffée... »*
> *Le petit prince, alors, ne put contenir son admiration :*
> *« Que vous êtes belle !*

> *— N'est-ce pas, répondit doucement la fleur. Et je suis née en même temps que le soleil... »*
> *Le petit prince devina bien qu'elle n'était pas trop modeste, mais elle était si émouvante[1] !*

Elle a soif d'être unique et elle a raison. Cependant, que lui faut-il soigner ? Les apparences ou la conscience ?

Il y a aussi un astronome turc qui aimerait ne pas toujours être jugé sur le look. Il avait découvert l'astéroïde B 612. Mais comme il était habillé comme un clown, on ne l'a pas cru. Parce qu'il s'est habillé à l'européenne, on l'a écouté.

> *Les grandes personnes aiment les chiffres. Quand vous leur parlez d'un nouvel ami, elles ne vous questionnent jamais sur l'essentiel. Elles ne vous disent jamais : « Quel est le son de sa voix ? Quels sont les jeux qu'il préfère ? Est-ce qu'il collectionne les papillons ? » Elles vous demandent : « Quel âge a-t-il ? Combien a-t-il de frères ? Combien pèse-t-il ? Combien gagne son père ? » Alors seulement elles croient le connaître. Si vous dites aux grandes personnes : « J'ai vu une belle maison en briques roses, avec des géraniums aux fenêtres et des colombes sur le toit... », elles ne parviennent pas à s'imaginer cette maison. Il faut leur dire : « J'ai vu une maison de cent mille francs. » Alors elles s'écrient : « Comme c'est joli[2] ! »*

Qu'est-ce qui est important : la façade ou la vérité ?

En chacun de nous, il y a aussi un roi, toujours tenté par le désir de commander les autres.

Le vaniteux : que nous ayons besoin d'être reconnus, valorisés, c'est tout à fait normal. Mais on nous fait glisser vers la « star'académisation »... Pourquoi sommes-nous si facilement nombrilistes ? Parce que nous avons oublié que Dieu connaît très exactement le nombre de cheveux de chacun (avec certains, Il n'a pas beaucoup de travail !) et que chacun a un prix infini à Ses Yeux.

Le buveur : pourquoi la consommation d'alcool, de drogues de toutes sortes progresse-t-elle ? Parce que, comme le disait Charles Baudelaire lui-même, l'homme ne peut pas vivre sans ivresse : pour supporter la vie, il lui faudra

---

1. Antoine de Saint-Exupéry, *Le Petit Prince*, chap. VIII.
2. *Ibid.*, chap. IV.

ou l'ivresse des narcotiques ou celle du Saint-Esprit. Comment faire pour ne pas être « accro » aux portables, aux jeux vidéo, à internet, au fond sonore perpétuel, et à bien d'autres choses qui nous tirent vers le bas ?!

Le businessman : parmi nous, il n'y a pas beaucoup de « turbocapitalistes » comme disait le pape Benoît XVI. On a le sens de la justice : on voudrait bien que les bonus ne profitent pas qu'à quelques-uns et que les progrès soient vraiment pour tous. Mais on a tendance à regarder ceux qui ont plus que nous alors qu'il faudrait toujours avoir les yeux vers les plus pauvres.

L'allumeur de réverbères :

> *« Je fais là un métier terrible. C'était raisonnable autrefois. J'éteignais le matin et j'allumais le soir. J'avais le reste du jour pour me reposer, et le reste de la nuit pour dormir.*
> *— Et depuis cette époque, la consigne a changé ?*
> *— La consigne n'a pas changé, dit l'allumeur. C'est bien là le drame ! La planète d'année en année a tourné de plus en plus vite, et la consigne n'a pas changé !*
> *— Alors ? dit le petit prince.*
> *— Alors maintenant qu'elle fait un tour par minute, je n'ai plus une seconde de repos. J'allume et j'éteins une fois par minute ! »*
> *[...]*
> *Ce que le petit prince n'osait pas s'avouer, c'est qu'il regrettait cette planète bénie à cause, surtout, des mille quatre cent quarante couchers de soleil par vingt-quatre heures[1] !*

« La consigne c'est la consigne. » C'est formidable de garder l'habitude de faire baptiser les enfants, de leur faire faire la communion et encore mieux la confirmation. Mais comment faire pour remplir ces bonnes traditions de la présence du Petit Prince venu d'En-Haut ?

Le géographe peut nous faire réfléchir sur la sauvegarde de notre planète. Le Seigneur nous a confié la création. On devrait demander pardon en confession de ne pas avoir tenu compte du bilan carbone. La crise économique peut probablement être l'occasion de se reposer de bonnes questions : à Noël, proposer des cerises du Chili à un Anglais ou encore faire manger

1. *Ibid.*, chap. XIV.

toute l'année du raisin d'Afrique du Sud à un Français... Quel sens cela peut-il avoir ? Respectons la nature et surtout trouvons notre bonheur à remercier le Seigneur pour les volcans sur Mars et les fleurs éphémères sur terre... !

27. La prière d'alliance

La rencontre avec le renard nous rappelle l'essentiel. On peut imaginer ce dialogue :

« Bonjour, dit Dieu.

— Bonjour, répond le renard.

— Je suis là, dit la voix, près de toi.

— Qui es-tu ? dit le renard.

— Je suis Dieu.

— Viens me rendre heureux, demande le renard.

— Je ne peux pas, dit Dieu, nous n'avons pas fait alliance ensemble.

— Qu'est-ce que cela veut dire : faire alliance ?

— C'est une chose très belle, dit Dieu. Cela veut dire lier sa vie avec la vie d'un autre.

— Lier sa vie ?

— Oui, dit Dieu. Tu vis comme si tu n'avais besoin de personne. Je ne suis rien pour toi. Mais si tu fais alliance avec moi, nous serons heureux ensemble. Tu seras mon unique au monde, et je serai pour toi unique au monde. Si tu fais alliance avec moi, ta vie sera comme ensoleillée... Comme le blé mûr rappelle ton pelage doré, quand tu verras de l'amour, quelque part, tu te diras : "C'est Dieu", et ta vie deviendra la mienne, une vie d'amour. S'il te plaît, fais alliance avec moi.

— Je veux bien, dit le renard, mais je n'ai pas beaucoup de temps. »

Les hommes n'ont plus le temps de regarder, d'écouter longtemps, de s'émerveiller. Ils ont peur de perdre du temps en restant près de quelqu'un, pour lui, sans rien dire. Ils n'ont plus le temps de s'aimer.

« S'il te plaît, fais alliance avec moi.

— Que faut-il faire ? dit le renard.

— Il faut se rencontrer, dit Dieu, pour se regarder, pour s'écouter, pour se comprendre, pour se connaître et nous marcherons ensemble et nous aimerons ensemble.

— Mais comment se rencontrer ?

On ne voit bien qu'avec le cœur,
l'essentiel est invisible pour les yeux

— C'est simple, dit Dieu. Il y a la prière : tu me regardes avec ton cœur, et je te regarde ; tu m'écoutes dans ton cœur, et je t'écoute ; tu me parles de tout ton cœur, et je te parle. Tu peux le faire seul, personnellement ou en communauté. On ne voit bien qu'avec le cœur, l'essentiel est invisible pour les yeux. C'est le temps que tu prendras pour moi qui fera la richesse de ton alliance. »

V. Le loup habitera avec l'agneau

Comment la prophétie d'Isaïe s'accomplit-elle ?

28. Georges et sa ménagerie intérieure

La maman de Georges dit à son fils : « Georges, aboie. » Et Georges fait : « Miaou ». La maman de Georges lui dit : « Non, Georges, ce sont les chats qui font miaou ; toi, il te faut aboyer. » Et Georges fait : « Coin coin. » « Non, dit la maman de Georges, ce sont les canards qui font coin coin ; toi, il te faut faire wouaf wouaf. » Et Georges fait : « Gron gron. » « Non, dit la maman, ce sont les cochons qui font gron gron ; toi, il te faut faire wouaf wouaf ! » Alors Georges fait : « Meuh meuh » !

La maman de Georges comprend qu'il y a un problème. Elle emmène son fils chez le... vétérinaire (!) et lui explique le problème de Georges. Le vétérinaire fait ouvrir la bouche de Georges et en sort un chat... Georges fait alors : « Coin coin. » Le vétérinaire enfile des gants de chirurgien puis enfonce sa main dans la bouche de Georges. Il en sort un canard ! Alors Georges fait : « Gron gron. » Le vétérinaire va chercher loin, loin, loin dans la bouche de Georges ; et il en ressort un cochon. Georges fait : « Meuh »... Une vache !

Georges fait : « Wouaf wouaf » ! Sa maman est toute contente. Elle paye le vétérinaire et repart avec Georges. En chemin, Georges rencontre son meilleur petit copain. Et Georges lui dit : « Bonjour » !

Jésus parle de notre cœur profond de deux façons. Tantôt il le décrit comme la demeure des Trois : « Si quelqu'un m'aime, il gardera ma parole ; mon Père l'aimera ; nous viendrons chez lui et nous ferons notre demeure en lui » (Jn 14, 23). Tantôt, il dit que c'est du cœur que viennent les pensées mauvaises : vol, meurtre, adultère, cupidité, envie, égoïsme, orgueil, mensonge, etc. (Mc 7, 21-22).

29. Le divin dompteur

Jésus veut venir en nous. Mais quand il entre dans notre cœur, il y trouve toute une ménagerie : le lion de l'orgueil et de la domination ; le coq ou le paon de la vanité ; le renard de la fourberie ; le serpent de l'envie ; l'ours de la possessivité ; la pie des commérages ; le singe de la moquerie ; le rhinocéros de la brutalité ; le pachyderme insensible ; le lièvre peureux ; le cochon étalé dans le plaisir ; le chien colérique ; et le ver rongeur de l'inquiétude, c'est lui le plus sournois. Mais il ne fait pas comme le vétérinaire de Georges qui a enlevé une à une toutes les bêtes. Jésus vient les dompter... parce qu'il sait qu'elles ont toutes des qualités.

Certains aiment beaucoup écouter. C'est bien aussi de savoir parler comme la pie mais encore faut-il apprendre à le faire à bon escient.

La domination : ce n'est pas forcément répréhensible d'avoir de l'ambition. Mais celui qui a le charisme de commander va apprendre à le faire dans un esprit de service.

La fourberie : on peut mettre son intelligence, sa « ruse » au service du Bien.

L'insensibilité : il faut savoir se protéger. Mais cela ne veut pas dire se couper de toute la misère du monde.

La colère : si vous ne réagissez pas devant certaines injustices, vous ne faites pas votre devoir.

Jésus nous dit deux choses :

Tout d'abord : ne restez pas au balcon de votre vie. Je regarde passer les événements : je peux très bien passer ma vie à cela. Mais il faut se retourner, prendre le petit escalier en colimaçon et descendre jusqu'au sanctuaire intime où seul Dieu peut entrer. Deuxièmement, ce cœur est à guérir. La purification, ce n'est pas l'élimination, mais l'illumination. Petit à petit, la grâce de Jésus va apprivoiser, dresser, civiliser ce qui est encore païen, sauvage. « Le loup habitera avec l'agneau, le lion se couchera près du chevreau, la vache et l'ours auront même pâturage » et ainsi se réalisera la prophétie d'Isaïe (11, 6-7).

3

Jésus nous propose une conversion

I. Un peuple à la nuque raide

En quoi consiste la conversion fondamentale pour un chrétien ?

30. La tête bien à l'endroit

L'histoire s'est passée dans le diocèse du Puy-en-Velay au début des années 1950. L'abbé Paul avait pu s'acheter une assez belle moto. Et comme il s'entendait bien avec un de ses confrères prêtres, l'abbé Vignal dit « le Bienheureux », jeune vicaire comme lui, l'abbé Paul avait convaincu l'abbé Vignal de l'accompagner chez ses parents à Chenereilles. C'est l'hiver. Qu'à cela ne tienne. Les deux abbés s'habillent du mieux qu'ils peuvent. À cette époque, c'est le système D qui prime. Pour les motards, il n'y a pas de combinaison high-tech protectrice du froid. L'abbé Vignal a une veste en cuir ; il a l'idée de la mettre « le devant derrière » de façon à ce que le vent glacé ne s'infiltre pas par les boutonnières. Il demande à l'abbé Paul de la lui boutonner dans le dos... Les voilà tous les deux à califourchon sur l'engin, l'abbé Paul au guidon, l'abbé Vignal accroché à la taille du pilote. L'abbé Paul est prudent. Le voyage se passe bien. Mais à l'entrée de Monistrol-d'Allier, dans un virage, une plaque de verglas le trahit, et la moto glisse dans le fossé. Il y a plus de peur que de mal, mais des voisins ont assisté à l'accident et assez vite un attroupement se forme autour des deux abbés. À ce moment-là, s'approche un curieux qui n'a rien vu de l'accident et ne sait pas la raison de l'attroupement. Il demande à un autre qui en revient : « Qu'est-ce qui se passe ? » Le badaud lui répond : « Ce sont deux prêtres qui ont eu un accident de moto. Apparemment rien de grave. Mais on n'arrive pas à remettre la tête à l'endroit à celui qui était le passager »... !

L'histoire est authentique jusqu'à cette remarque saugrenue inventée par le malicieux abbé Paul Juge, le chauffeur de la moto : la tête à l'endroit ! Dans la Bible, il n'est pas dit que les Hébreux aient retourné leur veste. Cependant, le Seigneur se plaint régulièrement d'avoir affaire à un peuple « à la nuque raide »... Hélas, c'est encore notre cas ! Que de raideurs nous paralysent, nous endurcissent, nous sclérosent ! Comment Dieu s'y prend-il pour nous assouplir, nous tourner vers lui ?

31. La conversion selon l'Évangile

Un homme riche et son fils aimaient collectionner des œuvres d'art très rares. Ils avaient tout dans leur collection, de Picasso à Raphaël. Ils s'asseyaient souvent ensemble et admiraient les grands travaux de l'art. Quand le conflit du Vietnam éclata, le fils partit pour la guerre. Il était très courageux et mourut dans une bataille en sauvant un autre soldat. Le père fut profondément affligé par la perte de son seul fils. Environ un mois plus tard, juste avant Noël, quelqu'un frappa à la porte. Un jeune homme se tenait sur le seuil avec un large paquet dans ses mains. Il dit : « Monsieur, vous ne me connaissez pas, mais je suis le soldat pour qui votre fils a donné sa vie. Il a sauvé beaucoup de vies ce jour-là. Il était en train de me transporter lorsqu'une balle l'a frappé au cœur et il est mort instantanément. Il m'a souvent parlé de vous, et de votre amour pour l'art. » Le jeune homme lui donna le paquet. « Je sais que ce n'est pas grand-chose. Je ne suis pas vraiment un grand artiste, mais je crois que votre fils aurait voulu que vous l'ayez. » Le père ouvrit le paquet : c'était un portrait de son fils, peint par le jeune homme. Il regarda fixement, avec crainte, la manière avec laquelle le soldat avait capté la personnalité de son fils sur la peinture. Les yeux de ce dernier étaient tellement ressemblants que ses propres yeux se remplirent de larmes. Il remercia le jeune homme et lui offrit de le payer pour la peinture. « Ah non, monsieur ! C'est un cadeau. Je ne pourrai jamais rembourser ce que votre fils m'a fait. » Le père accrocha le portrait au mur. Chaque fois que des visiteurs venaient à sa maison, il les amenait voir le portrait de son fils avant de leur montrer toutes les autres grandes œuvres qu'il s'était procurées. L'homme mourut quelques mois plus tard. Il devait y avoir une grande vente aux enchères de ses peintures. Beaucoup de personnes influentes s'étaient réunies, tout excitées de voir les grandes peintures et d'avoir l'occasion d'en acheter une pour leur collection. Sur la plate-forme d'exposition reposait la peinture de son fils. Le commissaire-priseur frappa de son marteau. « Nous commencerons l'offre avec l'image de son fils. Qui fera une offre pour cette peinture ? » Grand silence. Alors une voix au fond de la salle cria : « Nous voulons voir les peintures célèbres. Sautez celle-ci ! » Mais le commissaire-priseur persista. « Est-ce que quelqu'un fait une offre pour cette peinture ? Qui commencera l'offre ? 100 dollars, 200 dollars ? » Une autre voix en colère s'insurgea : « Nous ne sommes pas venus pour cette peinture. Nous sommes venus pour les Van Gogh, les Rembrandt. Commencez avec les vraies offres ! » Mais le commissaire-priseur continuait toujours. « Le fils ! Le fils ! Qui veut prendre le fils ? » Finalement, une voix s'éleva du fond de la salle. C'était le jardinier : il avait longtemps été au service de l'homme et de son fils. « Je donne 10 dollars pour la peinture. » Étant un pauvre homme, c'était tout ce qu'il pouvait se permettre. « Donne-le-lui pour 10 dollars et fais-nous voir les tableaux des maîtres. » Les personnes de l'assemblée se mettaient en colère : elles ne voulaient pas avoir la peinture de son fils, elles voulaient faire un investissement plus dispendieux pour leurs collections. Le commissaire-priseur fit retomber son marteau : « Allez ! Une fois, deux fois, vendu pour 10 dollars ! » Un homme qui était assis dans la deuxième rangée cria : « Maintenant, laisse-nous voir la collection ! » Le commissaire-priseur posa son marteau : « Je suis désolé, mais c'est fini. Quand on m'a demandé de conduire cette vente aux enchères, on m'avait donné une condition secrète qu'il ne m'était pas permis de dévoiler jusqu'à maintenant : seule la peinture du fils serait vendue aux enchères. Celui qui achèterait la peinture hériterait du domaine entier, y compris des peintures. »

L'homme qui a pris le fils obtient tout ! Dieu a donné Son Fils il y a deux mille ans pour qu'il meure sur la croix. Tout comme le commissaire-priseur, son message aujourd'hui est : « Le fils, le fils ! Qui prendra le fils ? »

Parce que, vous voyez, celui qui prend le fils obtient tout. « Car Dieu a tant aimé le monde qu'il a donné son Fils unique, afin que quiconque croit en lui ne périsse point, mais qu'il ait la vie éternelle » (Jn 3, 16). C'est cela, l'amour !

II. Tout feu tout flamme

32. Serions-nous devenus anti-inflammables ?

Sachant que son heure allait arriver, un monsieur avait précisé à sa famille qu'il voulait être incinéré. Lorsqu'il meurt, on l'emmène au crématorium. Mais voilà qu'un phénomène étonnant se produit : le cercueil en bois est réduit en cendres, mais pas le corps du défunt ! Les agents des pompes funèbres sont très ennuyés. En se confondant en excuses ils exposent le problème à la veuve. Celle-ci se montre très compréhensive : « Que voulez-vous, ça peut arriver. » « Madame, nous allons faire le nécessaire ; nous vous demandons simplement encore une heure de patience. » Mais le corps du monsieur ne brûle toujours pas. « Nous sommes très ennuyés. » Chaque fois, la dame excuse gentiment en disant : « Vous savez, ça se peut. » Après le troisième essai, ils lui demandent : « Madame, vous semblez n'être étonnée qu'à moitié. Auriez-vous une explication ? » « Je pense que oui, dit-elle. Pendant ses trente dernières années, mon mari a dû prendre des anti-inflammatoires »... !

Dans la Bible, le Seigneur se présente comme un feu. Rappelons-nous le buisson ardent sur le mont Sinaï et la Parole de Jésus : « Je suis venu apporter un feu sur la terre et comme je voudrais qu'il soit déjà allumé ! » (Lc 12, 49). L'épître aux Hébreux présente Dieu comme un « feu dévorant » (He 12, 29). Le Jour de Pentecôte, c'est sous la forme de langues de feu que le Saint-Esprit se rend visible et embrase les apôtres qui deviennent tout feu tout flamme, brûlants de zèle et d'amour.

33. Comment croire qu'il est parmi nous sans le feu ?

L'oraison du 7e dimanche de Pâques dit ceci : « Entends notre prière, Seigneur : nous croyons que le Sauveur des hommes est auprès de toi dans la Gloire, fais-nous croire aussi qu'il est avec nous comme il nous l'a promis jusqu'à la fin des temps. » Qu'est-ce qui est le plus facile à croire ? Qu'il est au Ciel ou bien qu'il est avec nous ? Apparemment il est plus facile de croire qu'il est au Ciel, surtout qu'on ne le voit ni ne le touche ; mais il est difficile de croire qu'il est là malgré toutes nos misères, et le mal dans le monde et le péché qui réussit encore à nous vaincre. Voilà pourquoi nous avons un énorme besoin de la prière de l'Église pour nous, pour que le Saint-Esprit nous soit donné, lui par qui nous reconnaîtrons toujours plus la présence de Jésus à nos côtés et l'amour du Père. Des témoignages nous encouragent à prier dans ce sens. Une jeune Coréenne est aujourd'hui religieuse dominicaine. À l'âge de 14 ans, elle a vécu un drôle de baptême. Inscrite au catéchisme à la suite de la conversion de sa grande sœur, puis de sa maman, elle suivait les enseignements pour leur faire plaisir car, dans son for intérieur, elle voulait garder la religion bouddhiste de son père. Deux ans plus tard, sans avoir rien dit à personne, la voici, le jour de son baptême, convaincue qu'elle va commettre un simulacre. Elle s'avance donc sans foi, sûre de son fait. Mais alors que le prêtre prononce son nom et que l'eau touche son front, un immense amour l'envahit : « C'était comme si un Père, me prenant dans ses bras, me soulevait dans un amour infini que je ne connaissais pas, alors que mon papa de la terre m'aimait déjà beaucoup. » La vérité lui avait été enseignée, la conversion morale lui était connue, mais le cœur n'était pas enflammé. Comme une pièce parfaitement aménagée qui, sans lumière, demeure inhabitable, ainsi sont les fameuses valeurs plus ou moins bien transmises qui, sans la grâce, ne changent rien. Tout simplement parce que les valeurs chrétiennes n'ont de sens que dans la charité. Or, la charité n'explique pas seulement, elle fait vivre le cœur, de l'intérieur. Elle donne le feu.

On peut penser aussi à ce qui est arrivé à ce jeune photographe pas tout à fait paparazzo mais presque. Quand Pierre Bérégovoy, Premier ministre, s'est suicidé, c'est lui qui a réalisé la photo qui a fait la une de tous les journaux. Le soir, son agence de presse fêtait l'événement au champagne. Mais pour lui la fierté s'est vite changée en désolation : toute la France était sens dessus dessous à cause de cette tragédie et eux faisaient la fête. Sur les conseils d'un ami, il est allé prendre du recul à l'abbaye de Tamié. Il est aujourd'hui moine cistercien trappiste. Il a voulu faire de sa vie un signe vivant de l'essentiel : le surnaturel. Aux dernières nouvelles, il a été élu père abbé d'une abbaye cistercienne en Italie. Le petit paparazzo a fait du chemin ! Les moines et les moniales sont comme les boussoles qui nous donnent le sens. Nous sommes faits pour plus que 77 ou 107 ans. Comme Jésus, dès notre conception, nous sommes mis sur l'orbite de l'éternité. Il est donc urgent de mettre du surnaturel dans notre vie, il est urgent de mettre de l'intériorité, du spirituel. Et pour nous, « spirituel » ne veut pas dire « vaporeux » mais une *vie selon l'Esprit*, une vie dans l'Esprit Saint, afin que Dieu puisse déverser Son Amour dans notre humanité.

34. Comment croire qu'il est au Ciel sans le feu ?

Mais au fait, est-ce si facile de croire que Jésus est Dieu au Ciel, Dieu premier servi, Dieu qui est à la première place et non pas nous ou les pouvoirs publics, Dieu dont la Providence ne se trompe jamais en ses desseins, Dieu à qui l'on doit l'hommage gratuit... ?

Un fait peut être pour nous un « aiguillon ». On a retrouvé cette inscription sur un mur d'un camp de concentration nazi. Un juif, peu de temps avant d'être tué par les SS, avait écrit sur le mur du baraquement, avec son sang : « Mon Seigneur Adonaï, tu peux permettre que ma femme soit gazée devant moi, que mes enfants soient tués au lance-flamme devant mes yeux, tu peux laisser faire que je sois moi-même tué à petit feu dans ce camp, mais il y a une chose que tu ne peux pas empêcher, c'est que je te loue. » C'est comme s'il disait : « Tu notes bien, Dieu, je décide de te louer. » Au fond comme Jésus, quelques heures avant sa Passion. « Il prit du pain, il rendit grâce »...

Nous avons un énorme besoin du Saint-Esprit. Il nous faut son aide, donc, non seulement pour avoir le sens surnaturel de notre vie temporelle, mais aussi pour le B.A.BA de la vie spirituelle qui est de croire que Dieu est Dieu !

35. La vie, c'est l'acquisition du Saint-Esprit

On posait la question : « Vous vous apercevez trop tard que votre maison est en train de brûler. Tout va disparaître. Mais vous avez la possibilité d'emporter quelque chose. Que choisissez-vous ? » On pense au porte-feuille, au chéquier, aux papiers, à l'album de photos de famille, à l'ordinateur portable... Quelqu'un a répondu : « J'emporterais le feu... »

Certains pratiquent la spiritualité de la goutte d'eau dans l'océan ; ils disent : « Que vous la mettiez ou que vous ne la mettiez pas, le niveau ne change pas. » Mieux vaut pratiquer la spiritualité de l'étincelle : elle suffit à embraser des centaines d'hectares de forêt.

III. La vraie conversion est à long terme

36. Le principe d'Archimède

Le pêcheur de perles des mers du Sud qui plonge dans l'eau à la recherche de perles précieuses fait une expérience singulière, celle-là même que, dans une mesure plus réduite, quiconque a pu faire si, en nageant, il a essayé quelquefois de piquer vers le fond. L'eau tend alors, de toute sa masse, à le repousser en dehors. Nous connaissons le principe d'Archimède. Non pas « Tout corps plongé dans un liquide en ressort mouillé » ni « Tout corps plongé dans un liquide est considéré comme mort s'il n'en ressort pas au bout d'une heure » mais « Tout corps plongé dans un fluide au repos, entièrement mouillé par celui-ci ou traversant sa surface libre, subit une force verticale, dirigée de bas en haut et opposée au poids du volume de fluide déplacé ; cette force est appelée "poussée d'Archimède". » Plus le corps est grand et volumineux, plus la masse d'eau qu'il déplace est grande, et plus forte, donc, est la poussée qu'il reçoit vers le haut. Tout tend à retenir ou à ramener le pêcheur à la surface. Mais lui, il est attiré vers le bas par l'espoir et souvent même par la nécessité, car il tire sa subsistance de ce travail. Aussi, par de vigoureuses brassées et un mouvement rapide des pieds, il se dirige à pic vers le fond. C'est une fatigue énorme mais qui fait place à une joie irrésistible, au moment où son regard perçoit sur le fond de la mer une coquille entrouverte qui laisse entrevoir la perle luisante.

La recherche de Dieu et de toutes Ses perles et trésors précieux, Ses « grâces », est une aventure qui ressemble à celle du pêcheur de perles. Il nous faut en effet là aussi aller vers le bas, nous plonger au-dessous du lac tranquille de nos propres illusions, descendre, descendre jusqu'à atteindre ce terrain solide où réside la vérité sur nous-mêmes, et tout cela alors qu'une force bien plus terrible que celle de la mer — la force de notre orgueil inné — tend à nous faire aller « en haut », à nous faire « émerger », à nous hausser au-dessus de nous-mêmes et des autres. Mais la perle qui nous attend au terme de ce cheminement, enfermée dans la coquille de notre cœur, est trop précieuse pour que nous nous désistions de l'entreprise et nous tenions pour vaincus. Saint Jean-Paul II avait intitulé son exhortation de l'an 2000 *Duc in altum*, que l'on peut traduire par « Avance au large » mais également « Avance en eaux profondes » !

37. Pourquoi et comment investir dans du définitif

Dans une de ses fameuses homélies du matin, le pape François a dénoncé deux « richesses culturelles » actuelles qui « empêchent d'avancer » : la « culture du bien-être » et « la fascination du provisoire ».

La « culture du bien-être, a-t-il expliqué, rend peu courageux, paresseux, égoïste ». Car le bien-être « anesthésie ». Le croyant « veut bien suivre le Seigneur, mais jusqu'à un certain point ». L'autre soi-disant richesse actuelle est « la fascination du provisoire ». Les hommes d'aujourd'hui sont « amoureux du provisoire ». Si Dieu « est Seigneur du temps », les hommes, eux, sont « les seigneurs du moment », a-t-il poursuivi, et voulant devenir « maîtres du temps », les hommes « réduisent le temps au moment » en se contentant du provisoire.

L'effort pour descendre en profondeur, pour investir dans le définitif est difficile pour tout le monde. Vous avez sans doute déjà entendu la chanson de Bourvil. C'est à la fois délicieux et pathétique :

Je voudrais bien être ton sac, tu aurais toujours peur de me perdre.
Je voudrais bien être ton calepin, tu me donnerais des rendez-vous. [...]
Je voudrais bien être tes souliers, j'irais partout où tu irais.
Je voudrais bien être ton collier, je serais pendu à ton cou.
Je voudrais bien être ton visage, tu me regarderais avec amour.
Je voudrais bien être le soleil, tu m'offrirais ton corps.
Je voudrais bien être ton chien, tu me couvrirais de caresses. [...]
Mais je ne suis rien que moi. Et tu ne me vois pas.
Mais je ne suis rien pour toi.
Je ne suis que ton mari.

Tolstoï a écrit : « Celui qui n'a connu que son épouse en connaît plus sur la femme que celui qui en a connu mille. » Et Dostoïevski : « On n'épouse pas une femme parce qu'elle est belle mais elle devient belle parce qu'on l'aime. »

Et pour les prêtres ou les consacrés, c'est le même genre de « combat ». Un jour, alors que déjà le saint curé d'Ars commençait d'être connu, son évêque lui demande : « Monsieur le curé, qu'est-ce qu'il faudrait faire pour que tous les prêtres restent de bons prêtres, heureux et enthousiastes dans leur sacerdoce ? » Malicieusement, le saint curé lui a répondu : « Monseigneur, je crois bien qu'il faudrait qu'ils restent toute leur vie séminaristes. »

Sous-entendu : quand on commence quelque chose, on est tout feu tout flamme.

Comment entretenir la flamme du séminaire (*séminaire* vient de *semen*, « semences, semailles »), ou la flamme des fiançailles ?

Le premier moyen de durer dans la recherche, c'est de remercier, de rendre grâce, de faire mémoire des merveilles du Seigneur. Voilà pourquoi la messe, l'« eucharistie », est si importante dans la vie d'un catholique. Le deuxième, c'est de faire comme le roi Salomon : demander le discernement, c'est-à-dire l'art de ne pas s'éparpiller, mais de s'unifier en s'orientant bien. Le temps fort constitue le troisième moyen : que ce soit un pèlerinage, une retraite, ou une session, petite ou longue, il s'agit de partir ailleurs pour retrouver la ferveur première. Il y a un autre moyen traditionnel, c'est d'avoir toujours en cours la lecture d'un bon livre de spiritualité. Le Seigneur donne à certains le génie d'enrichir les voies les plus traditionnelles par les découvertes les plus récentes, comme le scribe qui n'*invente* pas, qui ne fait pas non plus seulement un *inventaire* mais qui tire du neuf et de l'ancien de son trésor. Il faut en profiter. Au fond, il s'agit de mettre en pratique un principe qui vaut tout à la fois pour la stratégie militaire, pour le mariage, et pour la vie spirituelle : *qui n'avance pas recule.*

IV. Le portrait de l'âme

Notre âme est-elle définitivement perdue quand on l'a livrée aux pires tentations ?

38. L'histoire de Dorian Gray

Dorian Gray est un jeune homme de la société britannique à la fin du XIXe siècle. Il a tout pour plaire, il est beau comme un dieu, il est intelligent et sait bien parler, il est sportif, et il a beaucoup d'argent, il a une grande maison dans la ville de Londres où il peut recevoir ses connaissances mondaines. La vie lui sourit, il plaît aux femmes, il peut faire la fête tous les soirs… Un jour, un peintre, ami de Dorian, réalise un portrait magnifique de lui. C'est tellement réussi que tout le monde vient le voir et admire à la fois le portrait et son modèle. Puis une fois, quelqu'un dit ces mots à Dorian : « Toi tu vas vieillir, ton portrait va rester jeune. Est-ce que tu vendrais ton âme pour que le portrait vieillisse et que toi tu restes jeune ? » Sans hésiter et sans mesurer les paroles Dorian répond « oui ». Cette étrange malédiction à laquelle Dorian n'avait pas prêté d'attention va se réaliser. Ainsi un jour, lors d'une bagarre Dorian se blesse profondément au poignet. Stupeur le lendemain : plus rien, c'est le portrait qui a pris la blessure. Dorian se rend compte que son portrait prend sur lui toutes les répercussions de ses actes. Lorsque Dorian Gray commet une action mauvaise qui abîme son corps ou son âme, c'est son portrait qui en est atteint. Lui reste extérieurement un jeune homme beau, gracieux, sur qui l'âge n'a pas d'emprise. Il fait la cour aux femmes, il boit, se drogue, et va jusqu'à commettre des assassinats. Mais à mesure que Dorian agit mal, son portrait s'enlaidit et se transforme en un visage répugnant. Il porte les traces des excès de Dorian et du mal qu'il fait. Dorian cache son portrait dans un grenier fermé à double tour. Ce portrait est le reflet de son âme qui, complètement défigurée par le péché, ne ressemble plus à l'image de Dieu. Il finit par y avoir un décalage complet entre la belle apparence de Dorian et ce qu'il est réellement. Plus le temps passe, moins Dorian arrive à supporter cela. Avec son portrait, il a conscience de la laideur de ses actes. Pourtant au fond de lui, il a toujours le désir d'être quelqu'un de bien, de suivre un autre chemin. Un jour, cela n'est plus soutenable. Dorian déchire son portrait. À l'instant même, toutes les marques du portrait se transfèrent sur lui et le tuent.

39. Un Dorian Gray converti : saint Augustin

La fin de l'histoire de Dorian Gray est terrible. S'il avait connu le Seigneur, il aurait su que le pardon de Dieu a la puissance de réparer la ressemblance de Dieu dans l'âme de l'homme défigurée par les pires lèpres du péché. C'est le chemin que nous voulons vivre, nous ne sommes peut-être pas des Dorian Gray, et pourtant le péché nous abîme. Il nous divise intérieurement, nous empêche de nous aimer nous-mêmes, de reconnaître l'amour de Dieu pour nous et d'aimer les autres. La grâce du sacrement du pardon qui vient du Christ mort pour nous sauver du péché peut nous relever et vient restaurer la beauté de notre âme. Dans cette page des *Confessions*, l'une des plus célèbres, Augustin renvoie à son expérience de Dieu au jardin de Milan, un Dieu présent au cœur de l'homme : « Toi, tu étais plus intime que l'intime de moi-même, et plus élevé que les cimes de moi-même. »

Ô beauté si ancienne et si nouvelle,
bien tard je t'ai aimée !
Et voici que tu étais au-dedans, et moi au-dehors
et c'est là que je te cherchais,
et sur la grâce de ces choses que tu as faites,
pauvre disgracié, je me ruais !
Tu étais avec moi et je n'étais pas avec toi ;
elles me retenaient loin de toi, ces choses qui pourtant,
si elles n'existaient pas en toi, n'existeraient pas !
Tu as appelé, tu as crié et tu as brisé ma surdité ;
tu as brillé, tu as resplendi et tu as dissipé ma cécité ;
tu as embaumé, j'ai respiré et haletant j'aspire à toi ;
j'ai goûté, et j'ai faim et j'ai soif
tu m'as touché et je me suis enflammé pour ta paix.
Quand j'aurai adhéré à toi de tout moi-même,
nulle part il n'y aura pour moi douleur et labeur,
et vivante sera ma vie toute pleine de toi.
Mais maintenant, puisque tu allèges celui que tu remplis,
n'étant pas rempli de toi je suis un poids pour moi.
Il y a lutte entre mes joies dignes de larmes
et les tristesses dignes de joie ;
et de quel côté se tient la victoire, je ne sais.
Ah ! Malheureux ! Seigneur, aie pitié de moi.
Ah ! Malheureux ! voici mes blessures, je ne les cache pas :
tu es médecin, je suis malade ;
tu es miséricorde, je suis misère.
N'est-elle pas une épreuve, la vie humaine sur la terre ? [...]
Et mon espérance est tout entière uniquement
dans la grandeur immense de ta miséricorde.
Donne ce que tu commandes et commande ce que tu veux. [...]
Ô amour qui toujours brûles et jamais ne t'éteins,
ô charité, mon Dieu, embrase-moi[1] *!*

---

1. Saint AUGUSTIN, *Confessions*, X, 27, 38-29, 40.

V. Tous des rattrapés de la miséricorde

Très certainement une des raisons pour lesquelles nos églises se sont vidées, c'est que traîne dans les esprits l'idée que pour être chrétien, il faut être parfait, n'avoir rien à se reprocher. Comme c'est impossible, beaucoup décrochent, soit parce qu'ils voient le mal en eux, soit parce qu'ils voient le mal chez les « pratiquants ». Or, l'Évangile parle de brebis retrouvées et de pièces d'argent récupérées, de « rattrapés de la miséricorde ».

40. Comme un nid d'oiseau

Les enfants ont des trouvailles. Un mercredi matin, une catéchiste demandait aux enfants : « Qu'est-ce qu'il faut faire pour être pardonné ? » Un petit garçon a répondu : « D'abord, il faut pécher. » Il avait tout compris. Si nous allons à la messe, ce n'est pas parce que nous sommes meilleurs que les autres mais justement parce que nous sommes pécheurs.

Observons un nid d'oiseau tombé de l'arbre ou de l'avant-toit de la maison. C'est assez fantastique de voir tous les matériaux qui le composent : de la mousse de sous-bois, de la laine de brebis retirée des fils barbelés, des plumes, du duvet, mais aussi des bouts de plastique, et même de la fiente d'oiseau qui sert de ciment colle ! Souvent ce sont des matériaux qui ne sont pas ragoûtants. Et pourtant un nid voit naître la vie ! Pourquoi un nid enfante-t-il la vie ? Parce qu'il est ouvert ! De même, ma vie peut être faite de bric et de broc et même de blessures, de passages peu reluisants. Elle peut porter du fruit si elle est ouverte à la grâce.

Dans une histoire racontée par Herbert George Wells, le père de la science-fiction moderne, il est question d'un terrible pécheur, le roi Achab, vieil adversaire du prophète Élie, qui se trouve placé dans la paume de la main de Dieu pour être jugé. Il se met à hurler et essaie de prendre la fuite quand l'ange rapporteur fait la lecture de tous ses péchés ; il finit par s'échapper dans la manche de Dieu pour y trouver refuge. Ensuite, arrive un saint prophète, vraisemblablement Élie, qui lui aussi s'assied dans la paume de la main de Dieu et écoute d'un air suffisant la lecture de ses bonnes actions. Voici que les anges rapporteurs arrivent à une affaire pas très belle.

QU'EST-CE
QU'IL FAUT FAIRE POUR
ÊTRE PARDONNÉ ?
D'ABORD, IL
FAUT PÉCHER!
TA
PAROLE
EST UN
TRÉSOR
GUÉZOU

Dix secondes ne s'étaient pas écoulées que le saint se précipita dans tous les sens dans la grande main de Dieu. Pas dix secondes. Et à la fin il se mit à crier lui aussi en entendant l'exposé cynique et sans pitié (de l'ange rapporteur), et il se réfugia lui aussi, tout comme l'homme méchant, dans l'ombre de la manche. Et les voilà tous les deux assis l'un à côté de l'autre, guéris de toute illusion, à l'ombre de la robe de la charité de Dieu, comme des frères[1].

41. Trouver les mots qui guérissent

Quand nous nous confessons, nous commençons en disant : « Bénissez-moi, mon père, parce que j'ai péché. » Le pardon n'est pas seulement le récurage de nos péchés, un décapage qui nous rendrait blancs comme si nos taches n'avaient jamais existé. Le pardon est une bénédiction, par laquelle même nos défaillances sont assumées dans la grâce de Dieu et font partie de notre chemin vers Dieu. Le nid d'oiseau fait naître la vie parce qu'il est creux, ouvert sur le Ciel. Si nous entretenons cette disposition de cœur rendue possible par le baptême, nous enfanterons aussi la vie de Dieu. Prenons l'exemple du pardon. Pardonner, c'est trouver les mots qui guérissent, c'est offrir à l'autre personne un chemin pour avancer. L'Américain Jim Campbell avait été pilote sur un avion qui bombarda le Japon pendant la Seconde Guerre mondiale. Après la guerre, il devint dominicain mais demeurait tourmenté par sa participation au massacre de gens innocents. Aussi décida-t-il d'aller au Japon pour demander pardon. Il avait rencontré Oshida, un dominicain japonais, lors d'une conférence aux États-Unis. Il partit donc le voir au monastère sur les pentes du mont Fuji. Il lui dit : « Père Oshida, j'ai bombardé ton peuple pendant la guerre. Je suis venu te demander pardon. » Et Oshida répondit : « Et moi j'étais dans la défense anti-aérienne japonaise à cette époque-là. J'ai essayé de t'abattre et je suis navré de t'avoir raté ! » Tous les deux ont ri et se sont embrassés ! La façon dont le père Oshida, ce saint homme, avait montré à Jim qu'ils avaient tous deux participé au même mal fut pour Jim une vraie libération. « Je suis navré de t'avoir raté » fut le cri qui rendit Jim libre, après quarante années passées, depuis la guerre, à porter cette souffrance.

---

1. Cité dans Timothy Radcliffe, *Faites le plongeon*, Paris, Cerf, 2012.

Si je peux me permettre un souvenir personnel : un dimanche matin, après la messe de neuf heures, j'explosai de colère vis-à-vis d'un frère prêtre plus âgé. Aussitôt je le regrettai mais il était reparti. Je me dis que dès que nous serions seul à seul, je lui demanderais pardon. J'avoue que je passai un après-midi tourmenté. Le lundi matin, le Seigneur me fait le cadeau de me trouver tout seul avec lui dans la sacristie. Je lui dis : « Joseph, Je te demande pardon pour hier ; il y a des jours, on est trop bête (j'employai même un autre mot)... » Alors il me regarda par-dessus ses lunettes et me dit : « Parce que... tu n'as peut-être pas le droit d'être de mauvaise humeur parfois ? » Il avait trouvé la parole qui guérit.

VI. Méga-don

À longueur d'épîtres, saint Paul fait part de la découverte qui a bouleversé sa vie : le salut, ce n'est pas être en règle avec la loi. Le salut, c'est oser la foi, c'est-à-dire faire confiance au Seigneur même quand Il nous demande des choses surprenantes. Une de ces choses surprenantes, c'est le pardon. Le roi David a fait d'énormes bêtises en prenant pour femme l'épouse de son général d'armée et en allant jusqu'à faire tuer ce général pour essayer de masquer son péché. Mais quand il est démasqué lui-même par le prophète Nathan, au lieu de se cramponner dans une autojustification genre « raison d'État », il demande pardon et il supplie le Seigneur de pouvoir réparer. Et dans l'Évangile, Jésus fait découvrir que je pardonne plus facilement quand je me sais pardonné.

42. La porte du pardon est ouverte

Un jour, j'ai lu ce fait divers : de nombreux clients, venus très tôt pour des soldes exceptionnelles, font la queue sur le trottoir paisible d'un grand magasin très prisé qui n'a pas encore ouvert ses portes. Un homme survient alors et se permet de dépasser toute la file. Avant qu'il n'atteigne la porte d'entrée, la foule réagit en le repoussant violemment. Et tout s'enchaîne très vite : des propos fusent à son encontre, quelques coups pleuvent, la situation s'envenime dans un brouhaha indescriptible... Bref, cet homme se retrouve avec de multiples contusions au service des urgences. Mais le plus étonnant fut d'apprendre que, par méprise, les gens avaient refoulé celui qui venait tout simplement leur ouvrir le magasin pour que les soldes commencent ! Jésus est venu nous ouvrir la porte. Nous ne l'avons pas reconnu. Mais il nous a quand même ouvert la porte.

43. Deux erreurs au sujet du pardon

En ce qui concerne le pardon, nous faisons souvent deux erreurs. Premièrement, le pardon ne concernerait que des cas graves comme l'adultère ou le meurtre ou un vol caractérisé. Il y a des témoins exceptionnels du pardon comme Jean-Paul II envers Ali Agça, ou Tim Guénard, ou cette policière qui a écrit ce très beau livre : *Le jour où j'ai pu pardonner les crachats de ma mère*. Ces grands témoins nous aident ; mais il ne faut pas oublier qu'il nous faut faire du pardon notre pain quotidien. Deuxièmement, pardonner ce serait une faiblesse. Je ne peux pas exiger de justice, donc je pardonne. En réalité le pardon n'est pas opposé à la justice, mais à la vengeance : pardonner, c'est décider de ne pas se venger. Il faut toujours se rappeler que le plus fort est celui qui pardonne.

L'Évangile se répand parce que les chrétiens pardonnent. Ou savent demander pardon. Quel est le plus difficile : pardonner ou demander pardon ? Cela dépend. Les deux sont difficiles. Sauf si on se rappelle que nous avons l'appui de Jésus. Le pardon n'est pas une œuvre humaine, c'est une œuvre divine. Je ne peux qu'aspirer au pardon. Je disais un jour à des enfants de 8 ans que si on avait à forger aujourd'hui le mot « pardon », on dirait superdon. C'est le don par-delà le possible. Un petit Loucas m'a dit : « On dirait plutôt "méga-don". » Ce serait bien : « Je te mégadonne » ou « je te demande de me mégadonner »... ! Pardonner, pour un chrétien, c'est inviter le Seigneur dans une relation conflictuelle, c'est Lui demander d'investir cette relation, de la visiter.

44. Le pardon en famille

Il faut se dire qu'il y a une façon masculine et une façon féminine de vivre le pardon. Une mamy m'a raconté qu'un de ses garçons avait un caractère difficile. Il se fâchait facilement. Têtu, tête de cochon, vif, il fuyait dans le silence. Mais en général, deux ou trois heures après, sa maman trouvait sur la table de la cuisine un ananas. Il savait que sa maman aimait beaucoup les ananas. Pour lui demander pardon et tirer un trait sur sa colère ou sa bouderie, il cassait sa tirelire et filait chez le primeur. Les filles sont plus naturellement dans le registre verbal. Les garçons sont plus facilement dans le registre gestuel ; ils font comprendre.

Un couple qui fait partie des Équipes Notre-Dame a pris comme règle de vie de ne jamais se séparer, ne serait-ce que pour quelques heures, sans se demander pardon d'une façon ou d'une autre s'il y a eu dispute ou simple brouille. Ils partent du constat qu'il peut arriver un accident et ils ne veulent pas prendre le risque de rester sur un regret. Au fil des années, leurs quatre enfants ont adopté tout naturellement cette règle de vie. Cependant, un dimanche, leur fils qui est en études supérieures à Clermont-Ferrand prend le train sans être revenu sur les mots très durs qu'il a eus envers ses parents au cours du week-end. C'est la première fois que cela arrive. Jamais ils ne s'étaient séparés sans une demande de pardon même du bout des lèvres avant que le cœur n'y soit complètement. Pour le papa et la maman cette fin d'après-midi est douloureuse. Mais le soir, en allant se coucher, ils trouvent une lettre de leur grand fils sur l'oreiller : « Papa et maman, je n'ai pas le courage de vous demander pardon par oral, alors je vous l'écris ; je regrette de vous avoir mal parlé, etc. »

Le cardinal Danneels conseillait aux parents d'instituer des jours de pardon dans leur vie de famille : le jour de la nouvelle année, à Pâques, le vendredi saint et évidemment chaque fois qu'ils vont à la messe. Une maison de pardon est une maison de joie. Il a écrit aussi dix propositions pratiques pour construire et promouvoir la paix avec ceux qui nous entourent où il encourage notamment à être persuadé que « pardonner » passe avant « avoir raison ».

45. Un aller simple

Au fond, le pardon, c'est la logique bien décrite par le père François Lefort dans une anecdote. Le père François Lefort est prêtre et médecin. Il s'occupe des enfants des rues en Mauritanie. Mais son association s'étend jusqu'en Inde. Il raconte : à Zouerate, en plein désert, il y a seulement un train tous les deux jours. Il ne faut pas le manquer, sinon vous attendez quarante-huit heures sous un soleil de plomb. Ce jour-là, le père Lefort est obligé de courir après le train et il monte in extremis dans un wagon de marchandises. Avec lui, un enfant qui s'appelle Naaman s'agrippe aussi au wagon. Mais dans la précipitation Naaman perd une de ses sandales. Il n'a rien à lui que ses vêtements très pauvres : un tee-shirt, un short déchiré et une sandale. Le père François le voit quitter la sandale qu'il lui reste et la jeter en direction de celle qui est restée sur les rails. « Pourquoi fais-tu ça ? » Et Naaman lui répond : « Moi, une seule sandale, ça ne me sert à rien ; au moins, que celui qui la trouve, trouve les deux ! » Ça, c'est du don gratuit, parce qu'il ne sait même pas à qui ça ira. Demander pardon, pardonner, c'est toujours un acte de foi, un « aller simple ».

VII. Véliplanchistes

Est-ce que vous savez pourquoi on offre des dragées pour les baptêmes ? À l'origine, c'était un bonbon fait avec du lait et du miel, une sorte de caramel probablement autour d'une amande. Car le baptême c'est l'entrée en Terre promise, et la Terre promise est décrite comme une terre « ruisselant de lait et de miel » (Ex 33, 3). Le baptême de Jésus est à lire dans cette perspective.

46. Jésus est le nouveau Moïse

Jésus nous libère de l'esclavage d'Égypte, de tous les esclavages. Notre société nous rend esclaves, nous met sous pression. Un tout petit exemple : aujourd'hui nous recevons tous l'injonction d'être dans la joie même quand un proche meurt. On veut bien qu'il y ait un petit temps de deuil mais tout de même « il faut savoir tourner la page ». On ne respecte pas la peine des personnes. On confond la joie avec l'excitation fébrile. Donc on va rechercher la joie dans des plaisirs dangereux. D'ailleurs, quand on recherche la joie pour la joie, elle est triste, elle a un goût amer. En revanche, si on suit les indications de l'Évangile : chercher à servir les autres, chercher l'harmonie avec les autres, la joie nous tombe dessus et nous envahit le cœur. Nous faisons alors l'expérience que la vraie joie vient d'ailleurs, vient d'En-Haut... C'est l'expérience de la libération de l'esclavage de notre « moi » et de l'entrée en Terre promise, pays ruisselant de lait et de miel, parce qu'y règne l'attention à l'Autre, Dieu « premier servi », que ce soit dans l'adoration ou le pauvre.

47. Jésus est le nouveau Josué

Moïse n'est pas entré en Terre promise. C'est son successeur qui a eu cet honneur. Ce jour-là, le Jourdain s'est séparé en deux comme la mer Rouge quarante ans auparavant. Jésus est le nouveau Josué. Dans l'Évangile, il y a un passage qui vient confirmer que Jésus est bel et bien le nouveau Moïse, le nouveau Josué : c'est lorsque Jésus dépasse la barque des apôtres en marchant sur l'eau.

48. Trois solutions pour traverser le lac de la vie

Le père Molinié propose cette métaphore : la vie est comme un lac à traverser avec ses tempêtes et ses moments calmes. Nous avons trois solutions : marcher sur l'eau. C'est réservé à Jésus et aux grands saints : saint Jean-Paul II, saint Jean Bosco, sainte Bernadette Soubirous, saint Padre Pio… Il y a aussi la brasse : j'exerce une poussée sur l'eau et j'avance, je contrôle la trajectoire, je maîtrise l'eau, je gère, j'assure le cap. Je, je, je, je… C'est la tentation moderne. Je fais tout. Puis, il y a la troisième solution : la planche à voile. On devine que c'est très difficile d'apprendre à tenir debout sur une planche à voile. C'est beaucoup plus difficile que la brasse. Ceux qui font de la brasse peuvent rire des véliplanchistes. Avant que ces derniers n'aient appris, les nageurs à la brasse sont loin devant. Mais un jour les autres ont réussi à jouer avec le vent (de l'Esprit) et avec l'eau (Jésus qui nous porte), avec la voile (la confirmation qui nous permet de capter le vent de l'Esprit) et la planche de salut (le baptême), et là, ils peuvent aller très vite.

49. Témoignage

Il est scientifique de haut niveau. Il a rencontré une jeune fille sur les bancs de l'université à 19 ans. Problème : lui est d'une famille profondément catholique, mais elle est athée. Bien que baptisé, son père se dit athée. Dans la famille de sa mère, issue de la très haute bourgeoisie parisienne, ils sont athées militants. Or, les jeunes gens se rendent compte de leur amour naissant. Comment vont réagir les parents ? Il l'annonce à sa maman. Elle a une réponse double : « 1. Si tu l'aimes, elle sera notre fille. 2. Je prierai beaucoup le bon Dieu pour qu'elle ait la foi, un jour. Et il ne m'a jamais rien refusé. » Évidemment quand il rapporte ces paroles — la première seulement — à celle qu'il aime, les barrières tombent.

Un mois plus tard, la jeune fille fait l'expérience de Dieu. À la manière de Blaise Pascal, elle saisit en une fraction de seconde que Dieu est là tout proche, un Dieu personnel, débordant d'amour pour elle. La difficulté change de camp : comment l'annoncer à ses parents ? Leur dire qu'elle aimait un garçon catholique et qu'elle se préparait au baptême, c'était la meilleure façon de se faire prendre pour une bécassine. Pourtant, ils se sont mariés à l'église, avec une dispense pour disparité de culte. Elle a continué à préparer son baptême. Plus on lui parlait de Dieu, de la foi, de l'Évangile, plus elle en réclamait. Ils auront sept enfants.

Lui explique très bien tout ce que la foi change dans une vie. Par exemple, avec sept enfants, il ne pouvait pas faire quatre-vingts heures par semaine dans son laboratoire pour gravir les échelons. Il était obligé de se limiter aux quarante heures prévues, pour pouvoir concilier la vie de famille et les engagements dans l'Église. Plusieurs fois, il a eu des coups de pouce du bon Dieu. Ses expériences donnaient des résultats déconcertants. Voilà qu'il rencontrait « par hasard » un professeur de l'université de Jérusalem dont les expérimentations confirmaient les siennes et qui lui proposait une aide scientifique et amicale. Quand on travaille dans un laboratoire, même si on est directeur, on ne roule pas sur l'or ; pourtant, il lui fallait une grande voiture. Depuis deux mois, il cherchait dans les petites annonces. Il désirait une 504 Peugeot familiale. Il trouve finalement l'annonce d'une Volkswagen. Il va voir le garagiste qui la propose. La voiture n'est pas chère mais elle est complètement déglinguée. Il parle un peu avec le gars, qui finalement lui dit : « Écoutez, j'ai moi-même une 504 essence. Depuis quelque temps, je voulais la changer pour du diesel. Si ça vous arrange, je vous la laisse. » Ils discutent le prix. C'était exactement ce que lui permettait son budget. Cerise sur le gâteau : il découvre alors que le garagiste s'appelle Santacruz ! Vivre dans la foi, c'est comme faire de la planche à voile...

VIII. À l'écoute du Seigneur

50. Le vieux lion (conte de Ladji Diallo)

Ladji Diallo, un jeune Malien des banlieues, de famille musulmane, a été converti à Jésus. Aujourd'hui il évangélise par des spectacles. Il raconte cette histoire : il était une fois un prêtre missionnaire qui était parti dans la brousse avec son pique-nique, sa gourde d'eau et sa flûte. Très loin du village de la mission, il s'assoit à l'ombre d'un baobab sur une pierre, boit un peu d'eau et se met à jouer de la flûte. Peu à peu, assis sur leur arrière-train, beaucoup d'animaux se regroupent en cercle autour de lui pour l'écouter. Il y a là des lapins et des petits singes tout à fait inoffensifs, mais aussi des hyènes, des tigres, des léopards, des lionnes avec leurs lionceaux. Tous sont comme subjugués par les mélodies qui sortent de la flûte. Ils restent là immobiles, paisibles, très attentifs. Soudain arrive un vieux lion, un très vieux lion avec des airs macho. Il se faufile à travers tous les spectateurs et, sans crier gare, il croque le prêtre musicien. Tous sont indignés « Quel dommage ! C'est trop triste ! Mais pourquoi ? » La rumeur s'amplifie et le vieux lion, portant la patte à son oreille, dit : « Quoi, qu'est-ce que vous dites ? »

51. Écouter vraiment le Seigneur change radicalement la vie

Ne pas entendre peut nous faire faire des bêtises. Ne pas écouter, encore plus ! Le jeune Samuel a eu besoin du prophète Élie pour enfin écouter la voix du Seigneur. Saint André et saint Jean ont eu besoin de saint Jean Baptiste pour écouter la voix de Jésus. Saint Simon-Pierre a eu besoin de saint André et de saint Jean. (Il paraît que sur le coup, lorsqu'André lui a dit : « Nous avons trouvé le messie », Simon-Pierre a dit, dubitatif : « Mais non ! » et André a dit : « Mais si ! ») La grande affaire de notre vie c'est d'arriver à écouter la voix du Seigneur. Écouter ce n'est pas seulement entendre des sons, c'est les comprendre, c'est saisir quelque chose de très important. Quand on sait qu'on peut compter sur le Seigneur, au début, on commence toutes nos prières en disant : « Écoute bien, Seigneur, ton serviteur va parler » et on Lui demande ceci et cela, et encore ceci, et encore cela. Et puis un jour on comprend et on dit non pas : « Écoute, Seigneur, ton serviteur va parler » mais comme Samuel : « Parle, Seigneur, ton serviteur écoute. »

Si nous L'écoutons, Il peut nous appeler. Comme saint François. Nous sommes à la fin du XIIe siècle. François d'Assise (1181-1226) a un papa commerçant très riche. Il aime beaucoup la France avec laquelle il fait du commerce de tissu. Il a appelé son garçon « Français ». François mène une belle vie. Il ne pense qu'à s'amuser et il a un grand rêve : être un chevalier qui gagnera la bataille contre la ville voisine, Pérouse, une vieille ennemie. Le plaisir et la gloire. Il a 25 ans, il entre dans une église et il entend l'évangile : « Si tu veux être parfait, dit Jésus, va, vends tout ce que tu as. Donne-le aux pauvres [...]. Puis viens et suis-moi » (Mt 19, 21). Du jour au lendemain, il va se faire mendiant, soigner et embrasser les lépreux. Quand il mourra, vingt ans plus tard, ses mains et ses pieds porteront les marques des clous de Jésus. Il aura cinq mille frères (!) qui vivront, comme lui, une vie de pauvreté et de service des autres. La joie parfaite.

Si nous l'écoutons, il peut nous consoler. Une fille de 17 ans était partie après son bac continuer ses études à Saint-Étienne. C'est une fille pleine d'humour mais au bout de trois mois elle a une grande peine dans son cœur. Elle ne voit plus le Seigneur. Elle ne sent plus sa présence. La prière lui est devenue très difficile ; elle est dans le brouillard. Elle va à un groupe de prière. Ce soir-là, un jeune lit dans la Bible cette simple phrase, au chapitre 51 du livre d'Isaïe, verset 12 : « C'est moi, je suis celui qui vous console. » Elle est envahie par la joie... ! Tous les brouillards qui persistaient malgré ses efforts pour positiver ont disparu instantanément à l'écoute de cette petite Parole.

IX. Sainte obéissance

52. Le grand divorce entre le ciel et la terre (Lewis)

Le film *Le monde de Narnia* est célèbre. Il est tiré d'un livre écrit par C.S. Lewis. Cet Irlandais devenu chrétien en 1929 à 31 ans a mis aussitôt ses dons d'écrivain au service de la foi. Dans un livre intitulé *Le grand divorce entre le ciel et la terre*, il nous éclaire avec humour sur certaines folies de l'esprit humain. Il s'imagine en voyage dans le bus qui le conduit de l'enfer de la terre aux abords du Ciel. Il y rencontre l'artiste incompris, l'intellectuel cynique, le rustre belliqueux, le scientifique sceptique, l'ecclésiastique apostat. Il y raconte l'éternel conflit entre le vrai moi et le faux moi, entre la personne que l'on est vraiment et le personnage que l'on se donne.

À propos de l'enfer, Lewis explique qu'en somme, il n'y a que deux sortes de gens : ceux qui disent à Dieu : « Que ta Volonté soit faite », et ceux auxquels finalement Dieu dit : « Que ta volonté soit faite. » Tous ceux qui sont en enfer y sont parce qu'ils l'ont choisi. Sans ce choix personnel, il ne pourrait pas y avoir d'enfer. La joie n'échappera à aucune âme qui la désire avec honnêteté et constance. Ceux qui cherchent trouvent. On ouvre à celui qui frappe. Comment certains peuvent-ils choisir l'enfer ? Parce que pour eux, « mieux vaut régner en enfer que de servir au ciel ». Il y a toujours quelque chose que ces gens tiennent à garder, même au prix de rester malheureux. Observez-le chez un enfant gâté qui préfère être privé de jouer et de souper que de demander pardon et de faire la paix. On le traite de boudeur. Mais chez les adultes ce comportement porte des centaines de noms redondants. On parle de « fidélité à soi-même », d'« orgueil légitime », de « raison d'État », de « grande ouverture d'esprit », de « juste vengeance », et du « respect de soi-même », etc. Tout est bon pour justifier en fait la fermeture, l'emprisonnement sur soi, l'enfermement (le mot est très expressif : « l'enfer me ment » !). À ces personnes qui persisteront dans l'autojustification, Dieu ne pourra que dire : « Que ta volonté soit faite. »

53. Jésus n'est pas mort, il a donné sa vie

Jérémie avait prophétisé que le Seigneur arriverait un jour à inscrire Sa loi d'amour au plus profond de nos cœurs. Comment s'y est-Il pris ? Jésus est venu nous sauver par l'obéissance, nous dit l'épître aux Hébreux. L'étymologie du mot nous aide beaucoup. « Obéir » vient de *ob-audire.* Cela signifie donc « bien écouter, bien entendre ». Obéir, cela va rarement sans difficultés. Jésus le dit avec l'image du grain de blé. Pour un grain de blé, il y a trois façons de mourir. Premièrement, moisir à cause de l'humidité. Deuxièmement, être désagrégé par la terre. Troisièmement, être moulu pour devenir de la farine. Les trois sont douloureuses. Mais les deux dernières, la germination et la transformation en farine, se font en vue d'un plus. Pour cela il faut accepter sur nous l'action du Seigneur. Jésus nous sauve en inscrivant en nous à notre baptême la dynamique de sa mort. Un de mes professeurs de théologie disait : « Jésus n'est pas mort, il a donné sa vie. » Jésus a gardé la main sur sa propre mort. La mort n'a pas été quelque chose qui est simplement arrivé par hasard à Jésus : sa mort n'a pas été un accident. Ses ennemis voulaient lui voler sa vie avec violence, mais lui leur en fait cadeau : « Ceci est mon corps livré pour vous. » Grâce à Jésus nous pouvons entrer dans ce chemin de l'obéissance. Quand les moines de Tibhirine, après avoir été avertis qu'il pourrait leur en coûter la vie, firent le choix de rester, c'était pour pouvoir faire le don d'eux-mêmes au peuple algérien et même à ces terroristes qu'ils appelaient leurs « frères venus de la montagne ». Ils ont partagé leur vie jusqu'au bout. Dans le film *Des hommes et des dieux*, frère Luc dit au prieur : « Je n'ai pas peur de la mort, je suis un homme libre. »

54. L'obéissance peut faire pousser du bois sec

Dans les monastères, on raconte que pour former l'obéissance d'un jeune moine, le père abbé lui demanda de planter un manche à balai dans le jardin et de l'arroser tous les jours. Au bout de plusieurs années, le jeune moine vit des feuilles pousser sur le manche à balai. On sait que c'est une caricature, mais c'est pour dire la force de l'obéissance. Je me rappelle aussi un moment d'indignation d'un ami prêtre : « Le problème dans l'Église, c'est qu'il y a trop de papes »... Sous-entendu, chacun se fait sa petite religion. On se rappelle aussi le joli mot du pape Jean-Paul II alors qu'il était hospitalisé : « Vous savez : le pape doit obéir à ses supérieurs... les médecins » ! Obéir, bien écouter, c'est le travail de toute une vie, et le travail de chaque jour. D'abord, il faut se donner la peine de chercher le bon émetteur. C'est comme lorsqu'on cherche une station radio. Il y a des fréquences qui sont très proches et qui font des parasites, des grésillements. Ce n'est qu'en nous exerçant à réaliser ce qui nous est demandé que nous faisons l'expérience que c'est bon. Au fond il s'agit de donner sa vie soit de façon active soit en offrant de bon cœur ce que nous ne pouvons que supporter.

Les parents qui élèvent des enfants connaissent bien l'obéissance active : se lever au milieu de la nuit pour les nourrir, les calmer, changer leurs couches, endurer leurs tragédies, leurs drames d'adolescents, et éventuellement ne pas attendre de reconnaissance. Ou bien on peut penser à ceux qui consacrent leur vie à leur conjoint malade, en sacrifiant leurs forces, en soignant quelqu'un qui a peut-être même oublié leur nom.

L'obéissance passive c'est le bon mot de ce monsieur en maison de retraite : il avait du mal à retenir sa salive dans sa bouche. De plus, il était très enrhumé et son nez coulait. Je savais qu'il souffrait aussi de problèmes de prostate. Ses yeux laissaient échapper des larmes non parce qu'il était triste mais à cause d'un dysfonctionnement. Par contre l'esprit allait bien. L'œil pétillant de malice, il me dit : « Vous savez, à nos âges, on a l'eau courante à tous les étages : au troisième, au deuxième, au premier, et aussi au rez-de-chaussée ! »

Obéir, c'est rechercher la volonté du Père, avec discernement et persévérance, pour pouvoir l'écrire ainsi : « Que ta volonté soit fête. »

TOUT D'UN COUP JE RÉALISE QUE TOUTE MA VIE J'AI POURSUIVI DES CHIMÈRES !!
BRUSQUEMENT, EN REGARDANT MON CHIEN, JE COMPRENDS QUE J'AI COMPLÈTEMENT RATÉ MA VIE!

4

Jésus se dit dans des paraboles

I. Un certain festin de noce

Nous connaissons la parabole des métayers révoltés (Mt 21, 33-46). Nous connaissons bien aussi la parabole des invités au festin. Elle se termine par un passage un peu obscur au premier abord : l'invité qui est pris en flagrant délit de ne pas porter le vêtement de noce (Mt 22, 1-14). Quand saint Matthieu met par écrit ces deux paraboles, la première s'adresse aux juifs. Elle veut leur rappeler qu'ils sont les premiers appelés, mais que s'ils ne répondent pas, tant pis pour eux, d'autres seront appelés à leur place et répondront. La deuxième s'adresse aux premiers convertis. Elle les avertit qu'il ne suffit pas de répondre mais qu'il faut entrer vraiment dans ce Royaume, ce qui est signifié par la robe nuptiale exigée.

55. L'urgent et l'important

Et pour nous aujourd'hui ? Il est évident que nous pouvons y voir l'invitation à la messe, le festin de noce du Fils. L'erreur commise par les invités est claire ; ils négligent l'important au profit de l'urgent. Au niveau spirituel cela signifie renvoyer continuellement l'accomplissement des devoirs religieux, parce qu'il se présente chaque fois quelque chose d'urgent à faire. C'est dimanche et il est l'heure d'aller à la messe, mais il y a les haricots à ramasser, ce devis à terminer, le déjeuner à préparer, le garage à ranger. La messe peut attendre, laver la voiture, non ; alors on renvoie la messe et on branche le karcher.

Mais négliger l'important au profit de l'urgent est présent aussi sur le plan humain, dans la vie de tous les jours. Rappelons-nous le sketch de Raymond Devos (que je résume) :

> *« Excusez-moi, je suis un peu essoufflé ! Je viens de traverser une ville où tout le monde courait... Je ne peux pas vous dire laquelle... Je l'ai traversée en courant. Lorsque j'y suis entré, je marchais normalement mais quand j'ai vu que tout le monde courait, je me suis mis à courir, comme tout le monde, sans raison ! » [Un monsieur lui dit :] « Vous êtes dans une ville de fous ici... Vous n'êtes pas au courant ? » Je lui dis : « Si, si, des bruits ont couru ! Qu'est-ce qui fait courir tous ces fous ? » Il me dit : « Tout ! Tout ! Il y en a qui courent au plus pressé, d'autres qui courent après les honneurs... Celui-ci court pour la gloire... Celui-là court à sa perte ! » « Mais pourquoi courent-ils si vite ? » Il me dit : « Pour gagner du temps ! Comme le temps c'est de l'argent, plus ils courent vite, plus ils en gagnent ! » Je lui dis : « Mais où courent-ils ? » Il me dit : « À la banque. Le temps de déposer l'argent qu'ils ont gagné sur un compte courant... et ils repartent toujours courant, en gagner d'autre ! » Je lui dis : « Pourquoi restez-vous dans une ville où tout le monde est fou ? » Il me dit : « Parce que j'y gagne un argent fou. C'est moi le banquier ! »*

Il est pourtant tellement important de consacrer du temps à sa famille, de passer des moments privilégiés avec ses enfants, de parler avec les grands, de jouer avec les petits. Mais voilà qu'au dernier moment, il y a toujours des choses urgentes à faire au bureau, des sites à consulter sur l'ordinateur, et l'on renvoie à une autre fois. On se dit — pour se rassurer — que même si on fait passer l'urgent avant l'important, le monde ne va pas s'écrouler.

Ayant découvert qu'elle s'était fait leurrer par des ambitions bien futiles finalement, Anne Lamott avouait dans *Travelling Mercies* : « Je me suis vue comme un chien lévrier sur le champ de courses, qui finit par s'aviser que ce sont des lapins mécaniques qu'il a courus tout ce temps-là ; toute cette dépense d'énergie et pas même un vrai lapin ! » Un auteur anglais a écrit que le plus tragique dans la vie, c'est de parvenir tout en haut de l'échelle de la réussite, pour découvrir que l'échelle était placée sur le mauvais mur.

56. Quelle est l'efficacité de la messe?

Pourquoi la messe restera-t-elle encore longtemps comme la « carte d'identité » du catholique? On nous dira: « La messe, la messe, la messe, je voudrais vous y voir! C'est comme si vous imaginiez qu'un moine trouve Dieu tout en préparant le repas, avec un gosse qui réclame à boire à grands cris, un autre dont il faut essuyer le derrière, plus un bébé sur l'épaule... » Mais si ne venaient à la messe que ceux qui ont le temps, ceux qui n'ont pas de souci, ceux qui ne s'y ennuient pas, il y a longtemps que les églises seraient transformées en salles de cinéma.

À la messe, nous laissons au Seigneur l'occasion et le temps de nous parler. Peut-être au fond dans l'esprit de nos contemporains y a-t-il la peur d'Adam: après le péché, Dieu revient dans le jardin d'Éden: « Homme où es-tu? » Et Adam répond: « J'ai eu peur et je me suis caché. » Le père Timothy Radcliffe soutient que lorsqu'il est allé au mont Sinaï, il a repéré à côté du site du buisson ardent un ancien extincteur...! C'est qu'on ne sait jamais où la rencontre avec le Seigneur pourrait conduire!

Aujourd'hui, tout va très vite. Une génération habituée à l'immédiateté de la communication par internet peut avoir du mal à comprendre l'intérêt de la messe. Il paraît qu'une nouvelle version du Monopoly vient d'être inventée, où le jeu ne dure pas plus de vingt minutes, sinon l'intérêt s'émousse et les gens vont se mettre à envoyer des sms à leurs amis. Dans une bande dessinée, un personnage dit: « Je priais pour obtenir la patience, mais j'ai arrêté... J'avais bien trop peur d'être exaucé. » Un théologien comparait les fruits de la messe à l'effet subtil d'une pièce sur celui qui vit dedans: elle n'a pas l'effet choc d'un verre de whisky sur le buveur, mais elle opère à un niveau plus profond. La messe est une expérience affective mais sobre en général. Romano Guardini, grand spécialiste de la liturgie, écrivait que « l'émotion coule à flots dans sa profondeur comme le cœur embrasé d'un volcan. La liturgie est émotion, mais émotion maîtrisée ».

Alors que la vie moderne nous pousse vers l'urgent, avec la messe nous risquons moins de perdre de vue l'important.

II. Vierges sages et vierges folles

Nous connaissons bien la parabole des vierges sages et des vierges folles (Mt 25, 1-13). Avouons qu'il s'agit d'une curieuse histoire : un époux sans épouse, des jeunes filles qui attendent en dormant, des jeunes filles prévoyantes mais égoïstes, une porte qui se ferme cruellement... Mais il s'agit d'une parabole. Il faut s'attacher non pas aux détails mais au sens général. Et le sens général, nous l'avons bien compris : il nous faut veiller.

57. Veiller est un pain quotidien

Nous avons tous plus ou moins de responsabilités et plus ou moins le sens de l'organisation. Mais nous avons tous à veiller : veiller à ce qu'il y ait une bouteille de gaz et des ampoules en réserve, veiller à ce que le compte en banque soit approvisionné et les leçons des enfants apprises, veiller à faire renouveler l'ordonnance du médecin, veiller à ce qu'il y ait de l'essence dans la voiture, veiller à arriver à l'heure à l'école, veiller à ce que les vaccinations soient à jour, etc., etc.

Et avec le Seigneur ?! Faut-il simplement veiller à être à jour de ses communions, confirmations et professions de foi ? Il ne s'agit pas tant de faire des œuvres pour Dieu que de faire l'œuvre de Dieu. Le sacrifice chrétien ne consiste pas à donner à Dieu une chose qu'Il ne posséderait pas sans nous, mais à nous rendre totalement réceptifs et à nous laisser saisir totalement par Lui. « Laisser Dieu agir en nous, voilà le sacrifice chrétien », écrivait Benoît XVI. Quand on dit : « Mon Dieu, je vous l'offre », ce n'est pas pour accumuler des mérites, mais pour inviter le Seigneur dans cette épreuve. Quand on parle de « se sacrifier pour », ce n'est pas pour faire un acte d'héroïsme, mais pour être un simple instrument du Seigneur. Quand on participe au sacrifice de la messe, ce n'est pas pour faire du donnant-donnant, c'est pour laisser au Seigneur toute la place dans nos vies.

58. L'ambition du grand chêne

On raconte qu'un jour, le bon Dieu traversa une forêt après le passage d'un bûcheron. Parmi tous les arbres abattus, il remarqua un chêne splendide. Étendu de tout son long, il avait encore fière allure ! Dieu s'arrêta pour l'admirer. « Que voudrais-tu devenir, beau chêne ? » demanda-t-il. Le chêne était fier, mais surtout généreux. Après un temps de réflexion, il répondit: « J'aimerais devenir la porte de ton Ciel: en frappant à mon bois, les élus entreraient dans ton Royaume. Ou je me verrais bien fenêtre dans ton paradis: à travers moi, tu regarderais la terre et tes enfants apercevraient ta face. » Le Père éternel écoutait en souriant ces propositions. Le chêne poursuivit: « Je pourrais encore être une table dans ton Ciel: autour de moi, tu rassemblerais les élus pour leur offrir le festin du Royaume... Ou rien qu'un banc modeste posé à l'entrée du paradis: les humains fatigués par leur grand voyage pourraient se reposer sur moi. »

C'est alors que Dieu, voyant la bonne volonté de l'arbre, risqua une suggestion: « Tu n'es pas obligé d'accepter, lui dit-il, mais voici mon souhait à moi: j'aimerais que ton bois alimente un grand feu. Tu y perdrais peut-être ta beauté, mais quelle lumière et quelle chaleur se dégageraient de toi! Tu as pensé à mon Ciel. Moi, je pense à toutes ces créatures qui, bien avant d'arriver là-haut, ont grand besoin de lumière et de chaleur. Veux-tu te sacrifier pour elles? Je te fais une promesse: si tu acceptes, tel un buisson ardent, jamais ton feu ne s'éteindra. »

Quand on a compris cela, on alimente le feu autant qu'on le peut par tous les moyens que le Seigneur a prévus... En français il y a une curiosité: pour parler d'une personne morte, nous disons « feu monsieur Untel » ou « feu madame Unetelle » alors que par ailleurs nous disons que cette personne s'est éteinte! Puissions-nous être du feu avant de nous éteindre!

III. Bons Samaritains

La parabole du bon Samaritain (Lc 10, 29-37) s'est inscrite dans nos lois. Aujourd'hui, en effet, nous pouvons être poursuivis pour « non-assistance à personne en danger ». C'est dire combien l'Évangile a imprégné notre culture. La parabole du bon Samaritain nous invite à au moins trois attitudes.

59. Preuve a contrario

Le calife de Bagdad, nommé Al-Mamun, possédait un magnifique cheval arabe. Un membre d'une tribu nommé Omah était désireux d'acheter ce cheval; il offrit plusieurs chameaux en échange, mais Al-Mamun ne voulait pas se départir de son cheval. Cela rendit Omah tellement furieux qu'il décida d'acquérir le cheval par la ruse. Informé qu'Al-Mamun devait passer à cheval sur une certaine route, il se coucha le long de celle-ci, déguisé en mendiant très malade. Or Al-Mamun était un homme au cœur tendre. À la vue du mendiant, il fut pris de pitié, descendit de cheval et offrit à l'homme de l'emmener. Il le souleva doucement, le plaça sur son cheval, avec l'intention de monter avec lui. Mais dès qu'il fut en selle, le faux mendiant partit au galop tandis qu'Al-Mamun courait après lui et lui criait de s'arrêter. Quand il fut à une distance suffisante de son poursuivant, le voleur s'arrêta et regarda en arrière.

« Tu m'as dérobé mon cheval, cria Al-Mamun, j'ai une faveur à te demander.

— Laquelle ? questionna l'autre.

— Que tu ne dises à personne comment tu as acquis ce cheval.

— Pourquoi ?

— Parce qu'un jour, quelqu'un de réellement malade peut être couché le long de la route et, si ton stratagème est connu, les gens passeront près de lui sans lui porter secours. »

Le fait de savoir qu'il y a des gens capables du pire empoisonne notre société : on ne laisse pas sa maison ouverte de peur d'être cambriolé, on n'autorise pas les enfants à jouer dans la rue, on n'ose pas faire confiance à un inconnu, on n'accueille pas un étranger... Comment dépasser nos peurs ?

60. Mère Teresa

Mère Teresa a raconté ce fait. Elle avait appris qu'il y avait une famille où l'on n'avait rien mangé depuis quelques jours. C'était une famille hindoue. « J'allai voir la famille en apportant un peu de riz. Je l'avais à peine remis que la mère partageait le tas en deux et allait en déposer une moitié chez les voisins, qui se trouvaient être des musulmans. Je lui dis : "Que va-t-il vous rester à partager, à vous tous ? Vous êtes dix pour ce petit tas de riz !" La mère répondit : "Mais eux n'avaient pas à manger non plus !" » Et Mère Teresa commentait : « C'est cela la grandeur. »

Le fait de poser la question : « Qui est mon prochain ? » signifie que certains pourraient ne pas être mon prochain. Jésus renverse la question : « Qui s'est fait le prochain du blessé ? » Le prochain, c'est moi. De qui dois-je me rapprocher ? C'est selon les circonstances. À qui ai-je l'occasion d'offrir un peu d'écoute, un coup de main, une aide financière, un temps de prière ?

61. Magda Hollander et le bon gardien

Petite histoire souriante. Il y avait un homme, dans un bar de l'Alaska, en train de s'enivrer. Dieu, il ne voulait plus en entendre parler. Son avion s'était écrasé. Il avait été enseveli, mourant, dans la neige, et avait prié Dieu de le sauver, mais non... rien ! Il se sentait complètement abandonné. Le barman alors lui dit : « Mais tu es là ! Tu as été sauvé ! » « Tu parles ! C'est juste qu'un Esquimau est passé par là... »

Nous sommes invités à nous mettre à la place de l'homme au bord de la route. Parce que le Seigneur ne cesse de nous envoyer des bons Samaritains.

Un exemple. Magda Hollander-Lafon est juive. Elle avait 16 ans quand elle a été déportée à Auschwitz. Un livre bouleversant, *Quatre petits bouts de pain*, raconte comment elle est passée « des ténèbres à la joie » et comment l'homme, capable du pire, peut aussi « quitter son âme » pour sauver une âme à l'abandon comme l'a fait le « bon gardien » ukrainien au visage repoussant et à la voix si rude. Déjà épuisée après plusieurs jours de voyage, Magda doit clouer des rails et décharger des wagonnets de traverses. Elle a peine à suivre et regarde avec envie les pieds des compagnes qui sont encore chaussées. Car on lui a volé ses godasses pleines de notes écrites en cachette. C'est la vie même qui s'en est allée par les pieds déchaussés. Alors, elle marche comme elle peut dans de vieux godillots trop larges et pleins de trous. « Le vilain visage à gros traits a tout vu, écrit-elle. Brusquement, il m'arrache le marteau des mains et m'ordonne de le suivre. Il me conduit près d'un tas de bois, à l'abri des regards. Avec un ton de voix méchante mais qu'un regard de bonté dément, il gesticule ostensiblement et frictionne mes pieds avec des journaux. »

Cet homme un peu rude va aussi lui donner une nouvelle paire de galoches, et petit à petit, la ramènera à la vie. Car durant quatre mois, en prenant lui-même de grands risques, le gardien rendra son travail moins difficile, les journées moins longues. « À son contact, j'ai pu de nouveau pleurer et espérer encore en la bonté des hommes. »

Une bonté que Magda pourra encore côtoyer lorsqu'un jour, à Birkenau, une mourante lui fait signe et ouvre une boîte qui contient quatre petits bouts de pain. D'une voix à peine audible, elle dit : « Prends, tu es jeune, tu dois vivre pour témoigner de ce qui se passe ici. »

Autre exemple plus banal : je pense à la joie de Marie-Rose, 80 printemps, me disant : « Chaque fois que le jeune agriculteur vient préparer la clôture électrique pour parquer ses vaches tout près de notre maison, il nous apporte un litre de lait frais, du "lait bourru", comme dans notre enfance. Vous n'imaginez pas combien j'apprécie cette attention ! » Qu'est-ce qui est le plus remarquable : la délicatesse du jeune paysan ou la joie de Marie-Rose ?

En résumé, nous devons chercher le moyen de dépasser nos peurs de manquer, de nous faire avoir, etc. Nous devons devenir des Samaritains ; nous en avons l'occasion plusieurs fois par jour. Nous devons aussi repérer le Seigneur qui vient à nous sous les traits de bons Samaritains.

IV. Les talents

62. Jusque dans Astérix !

La parabole des talents (Mt 25, 14-30) est tellement connue que l'on en trouve une allusion dans un des albums d'Astérix ! Dans *Astérix et Cléopâtre*, l'architecte Numérobis dit que son concurrent Amonbofils a beaucoup de talents. Astérix renchérit : « Il est doué ? » Et l'architecte le reprend : « Non, il est riche. » À l'époque de Jésus le talent est comme un lingot. C'était l'équivalent de six mille journées de travail ; même un seul représente déjà une somme rondelette !

Arrêtons-nous sur deux détails de cette parabole bien connue. Quand le Seigneur a distribué les talents, tout le monde a eu sa part. Cette parabole nous invite donc d'abord à l'action de grâce. Prenez par exemple l'intelligence… Bien souvent, nous assimilons l'intelligence aux bons résultats scolaires, à la connaissance intellectuelle ou à la culture. Pourtant, il existe de multiples formes d'intelligence. Qui n'a pas dit un jour ou l'autre : « Je suis bête, je n'ai rien à dire, je ne suis pas intéressant(e) »… Ce sont des phrases poison. Cela vient du fait que dans beaucoup de familles, on a valorisé les résultats scolaires, et les attentes des parents se sont davantage portées sur la réussite intellectuelle que sur celle du cœur. Mais si je me trouve nul, cela peut aussi venir du fait qu'il y a chez moi une certaine complaisance à entrer dans une image de personne « peu intéressante », alors que Dieu m'invite à découvrir avec joie le potentiel qu'il a mis en moi. Quel est mon type d'intelligence ? Il n'y a pas *une* intelligence, mais *des formes* d'intelligence qui correspondent à ma vocation.

Peut-on comparer l'intelligence technique d'un mécanicien, l'intelligence du placement sur le terrain et l'habileté d'un footballeur, l'intelligence des harmonies, du rythme et la virtuosité d'un musicien, l'intelligence verbale d'un professeur ou d'un conférencier, l'intelligence logico-mathématique d'un ingénieur, l'intelligence des profondeurs d'un mystique, l'intelligence des mécanismes psychologiques d'un psychothérapeute, l'intelligence dans la façon d'adapter son message à son interlocuteur, l'intelligence des relations humaines, l'intelligence de l'orientation, l'intelligence de la compréhension et de la sauvegarde de la nature et de l'environnement, l'intelligence d'une mère de famille dans la gestion de son foyer, dans la façon dont elle gère le quotidien et les conflits familiaux... ?

Quels types d'intelligence — car chacun de nous en a plusieurs à sa disposition — concourent à la réalisation du potentiel que Dieu a mis en moi ?

63. Y aurait-il des « dons » qui ne viendraient pas de Dieu ?

Deuxièmement cette parabole laisse entendre que tous les dons ne viennent pas de Dieu. Il y a en effet cette phrase mystérieuse : « Celui qui n'a rien (sous-entendu : reçu de moi) se fera enlever même ce qu'il a » (Mt 15, 29). Il faut savoir qu'il y a trois sortes de dons.

Les dons naturels sont donnés par la nature. Ils sont innombrables. C'est... le pouvoir de se déplacer en marchant ou en courant, de nager, d'écrire, de soulever des poids, de composer de beaux textes, de chanter, etc.

Les dons surnaturels, la foi, l'espérance et la charité (et beaucoup d'autres) sont donnés par les sacrements. Par exemple, le prêtre peut transformer du pain et du vin en Corps et Sang du Christ. Il peut pardonner les péchés. Il peut transmettre la vie du Père et du Fils et du Saint-Esprit par le baptême. Quels sont les pouvoirs surnaturels que le Seigneur donne dans le sacrement de mariage ? À nous de les chercher. Voici une mise en situation pour vous mettre sur la piste. Il vous est déjà arrivé d'être invité à manger chez un couple. Quand vous entrez dans une maison, vous sentez comme un malaise. Vous vous dites : « Il y a de l'électricité dans l'air. » Au contraire, auprès des couples qui vont bien, on est bien. N'auraient-ils pas reçu les pouvoirs de patienter, de transformer les défauts de l'autre en qualités, de donner des ailes à l'autre, de lui donner de se transcender, le pouvoir de pardonner ? Avec le sacrement de mariage, ils ne conjuguent pas seulement leur vie naturelle, mais aussi leur vie surnaturelle.

ENTREZ, ENTREZ, METTEZ-VOUS À L'AISE!..
MAIS NON, MAIS NON, VOYONS!...
VOUS NE DÉRANGEZ PAS LE MOINS DU MONDE !...
AH, ELLE CUISINE MIEUX QUE MOI, TA MÈRE !
EH BIEN, VOILÀ SON SERVICE !!
CRASH!

Les dons préternaturels sont réalisés par ma nature « plus » l'aide de quelqu'un. La question est de savoir qui est ce quelqu'un. Le saint Padre Pio avait les pouvoirs de léviter, de lire dans les âmes, d'être à deux endroits à la fois (bilocation), d'obtenir des guérisons. Or, l'Église lui a interdit de confesser et de célébrer la messe en public. Elle se méfie de ces phénomènes. Elle opère un discernement. Le saint Padre Pio dira plus tard qu'il a plus souffert de la résistance de l'Église que de ses stigmates. Mais il a préféré obéir à l'Église plutôt que de continuer à faire du bien en confessant en cachette. Si les dons font gonfler d'orgueil, ils ne viennent pas de Dieu. Il faut discerner. Qui aide ? L'Esprit d'En-Haut ou l'esprit d'en bas ? Un don, cela peut être le coup de pouce d'un bon ange (don préternaturel). Mais hélas, d'autres « anges » peuvent soi-disant nous aider et en fait nous entraînent dans des grandes difficultés, voire nous empêchent de prendre notre envol au niveau spirituel. Un prêtre exorciste fait cette comparaison. Un petit chien est assis à vos pieds. Il se sent bien. Mais quand il veut s'éloigner, il ne le peut pas parce qu'une laisse le retient à la chaise. On constate souvent que des personnes qui ont consulté des voyantes, des magnétiseurs, des radiesthésistes ont comme des allergies à l'Évangile, sont empêchées d'entrer physiquement dans une église. Des « liens » ont été établis qu'il faut demander au Seigneur de couper. Michel Berrette, un voyant très connu, raconte dans son livre *J'étais voyant... maintenant je vois* comment il a été libéré d'un don qui lui avait causé plus d'ennuis qu'il ne lui avait apporté de bonheur. Parce qu'il avait renoncé à ce pouvoir, le Seigneur lui a donné le charisme d'accompagner de nombreuses personnes malades à qui il a fait beaucoup de bien.

N'ayons pas le dédain des dons (!), mais exerçons un peu le discernement quand nous confions nos santés et nos personnes à certains qui ont des dons qui ne sont peut-être que des pouvoirs...

V. Les ouvriers de la onzième heure

L'expression est passée dans le langage courant. Elle vient d'une parabole de Jésus (Mt 20, 1-16). Un vigneron embauche des ouvriers tout au long de la journée, certains même seulement une heure avant que la nuit ne tombe. Quand vient le moment de la paie, tout le monde reçoit le même salaire, ce qui indigne ceux qui ont transpiré à la vigne pendant douze heures d'affilée ; ils ne reçoivent pas plus que ce qui était convenu avec le vigneron !

64. De quelle heure sommes-nous ?

Que comprendre dans cette parabole ? Tout d'abord, nous sommes peut-être en train de nous demander : « Suis-je de la première heure ? Suis-je un ouvrier de la deuxième heure ? Suis-je plutôt de la cinquième heure... ou de la onzième heure... étant donné mon âge, l'ancienneté de ma conversion ou du moins de ma décision à vraiment faire quelque chose pour le Seigneur... ? » Ne cherchons pas plus longtemps. Car tous, nous sommes de la onzième heure. En effet :

Où étais-tu à la toute première heure quand, du néant, retentirent les paroles : « Que la lumière soit », « Qu'il y ait un univers, une terre, un firmament, des eaux, des végétaux, des animaux »... et puis le sommet : « Faisons l'homme à notre image et à notre ressemblance » ?

Où étais-tu quand la matière fut créée ? Quand de la matière jaillit la vie ? Quand de la vie jaillit l'esprit ?

Où étais-tu à la deuxième heure quand Dieu fit alliance avec Noé ?

Où étais-tu à la troisième heure quand Abraham se mit en route, pour être le premier à tout miser sur le Seigneur ?

Où étais-tu à la quatrième heure quand le Seigneur appela Moïse et les descendants d'Abraham pour se créer un peuple et préfigurer ainsi la libération de tous les esclavages ?

Où étais-tu à la cinquième heure quand le Seigneur établit avec David la dynastie d'où devait naître le Messie ?

Où étais-tu à la dixième heure quand, à la plénitude des temps, la Vierge accueillit l'annonce de l'ange pour qu'arrive enfin Dieu le Fils, Jésus, qui en mourant sur une croix montre à quel point cette terre est travaillée par l'Amour de Dieu ?

Où étais-tu à 10 h 15 quand on construisit les flèches des cathédrales pour élancer les cœurs vers Dieu ?

Où étais-tu à 10 h 30 quand on inventait la médecine ? Et à 10 h 35 quand on luttait pour te laisser un pays de paix ?

Ne cherchons pas ! Nous sommes tous de la onzième heure.

65. Coopérateurs de Dieu !

Mais on aurait pu partir d'un autre point de vue. À notre époque où le chômage est si douloureux en particulier pour des millions de jeunes, ce qui vient à l'esprit en entendant cette parabole ce n'est pas tellement la prétendue injustice du maître de la vigne mais bien plutôt sa générosité : aller travailler est une grâce… D'ailleurs le Seigneur explique et souligne combien de fois le maître est sorti pour embaucher des ouvriers à sa vigne. Or, ce qui est stigmatisé, c'est l'attitude de ces premiers qui se croient meilleurs que le bon Dieu. Comme s'ils avaient une idée plus large que Lui de ce que doit être la générosité : s'Il donne tant aux derniers, alors que nous donnera-t-Il à nous qui avons tant travaillé ? Nous le voyons bien, lorsque nous commençons à nous sentir meilleurs que le bon Dieu, c'est que nous faisons fausse route, parce que nous sommes surtout sensibles à nous-mêmes et à ce que nous faisons, et qu'ainsi nous connaissons bien peu de son mystère et de sa grâce envers nous. Ce que les premiers n'ont pas compris ici est semblable à ce que n'avait pas compris le fils aîné d'une autre parabole (Lc 15, 11-32), celle de l'enfant prodigue. Vous vous souvenez, lorsque le père tue le veau gras pour le cadet qui a dépensé tout son bien, il est scandalisé : « Comment, à moi qui te sers depuis si longtemps, tu n'as jamais donné un chevreau pour festoyer ! » Alors, il reçoit cette révélation bouleversante que nous ne finirons pas de découvrir dans l'éternité : « Mon enfant, toi, tu es toujours avec moi et tout ce qui est à moi est à toi. » Ce qu'ils n'ont pas compris ici, c'est la grâce immense qui leur était faite d'être associés à l'œuvre d'un Dieu qui aurait très bien pu se passer d'eux pour faire son œuvre. Eh bien, parfaitement : Dieu, qui pouvait se passer de nous, a voulu nous associer à tout ce qu'il faisait, pour que nous devenions semblables à Lui. Ainsi, Il nous a associés à la Création, en nous donnant un monde à construire. Il nous a associés à la création de l'homme en nous donnant des enfants à élever. Il nous a aussi sauvés, et ce faisant, Il nous a associés à la proclamation de l'Évangile dont son propre Fils fut le premier héraut. La grâce des grâces est de devenir semblable au Fils de Dieu, configuré au Christ, avec lui depuis le premier jour, pour recevoir par lui et avec lui, tout ce qui vient du Père. Nous sommes les collaborateurs de Dieu, les coopérateurs de Jésus ! Nous sommes ses associés dans la lutte contre le mal, ses associés pour la dignité de l'homme, ses associés pour le salut de nos frères.

66. Le salaire, c'est l'amour

Un conte persan nous apprend qu'un jour où le roi Salomon se promenait dans le désert, il aperçut une fourmilière. Aussitôt, toutes les fourmis s'arrêtèrent de travailler pour venir le saluer. Mais le roi remarqua que l'une d'entre elles, à l'écart des autres, continuait son travail. Il lui demanda : « Que fais-tu donc ? » Elle répondit sans cesser de s'agiter :

« Tu vois, mon roi, je déplace ce tas de sable, grain par grain.

— C'est un travail trop gros pour une petite bête comme toi. Regarde la hauteur de ce tas de sable. Même en continuant sans relâche, tu n'auras jamais assez de ta vie entière pour le déplacer.

— Peut-être as-tu raison, ô roi, mais vois-tu, de l'autre côté de ce tas de sable, se trouve ma bien-aimée. C'est l'amour qui me fait travailler ainsi et rien ne pourra me distraire de ma tâche ; et si je venais à mourir avant d'avoir atteint mon but, j'aurais connu l'espérance jusqu'à la fin de ma vie. »

Derrière la dune, Dieu qui s'est fait notre allié nous donne à chaque instant la joie de travailler avec Lui, par Lui et en Lui.

VI. Jésus sauveur du temps

67. Comment dormir quand souffle la tempête ?

Le Mystère de Jésus éclaire notre rapport au temps, non le temps météorologique mais le temps chronologique. Une histoire raconte qu'un paysan avait besoin d'un domestique, comme on disait à l'époque. Il va donc au marché (à cette époque, Pôle Emploi n'existait pas...). Il voit un jeune.

« Alors l'ami, comment tu te prénommes ?

— Alfred.

— Alfred, qu'est-ce que tu sais faire de beau ?

— Moi, je sais dormir quand le vent souffle.

— Toi, tu m'as l'air d'être un rigolo ! »

Et il continue de chercher. Comme à midi il n'a trouvé personne, il revient vers ce jeune.

« Sans blague, qu'est-ce que tu sais faire ?

— Je sais dormir quand le vent souffle.

— Eh bien, je te prends quand même. »

En fait, le jeune semble faire son travail. Les jours passent. Une nuit, le fermier est réveillé par un vent terrible qui hurle dans les arbres, rugit à travers les cheminées et secoue les fenêtres. Inquiet, il saute du lit. La tempête pourrait ouvrir tout grand les portes de l'étable, effrayer vaches et chevaux, disperser le foin et la paille et causer toutes sortes de désastres. Il court frapper à la porte d'Alfred, mais n'a pas de réponse. Il frappe plus fort. « Alfred, lève-toi, viens me prêter main-forte avant que le vent n'ait tout détruit ! » Mais Alfred dort toujours. Alors le fermier se précipite dans les escaliers, bondit à travers la cour et parvient à l'étable, où l'attend une belle surprise : les portes sont solidement fermées et les fenêtres bloquées… Le foin et la paille sont couverts de bâches solidement arrimées, n'offrant aucune prise au vent… Tout est en sécurité. Alors le paysan comprend ce qu'Alfred voulait dire quand il affirmait savoir dormir par une nuit de tempête.

Sans Jésus, nous ne pouvons pas avoir un juste rapport au temps. Vis-à-vis du passé, soit nous nous reposons sur nos prétendus lauriers, soit nous cultivons nos culpabilités. Vis-à-vis de l'avenir, soit nous nous anesthésions, soit nous développons des anxiétés inutiles, des angoisses. Il y a des pensées poison : « Vivement le week-end, vivement les vacances, vivement la retraite ! » Jésus pacifie notre rapport au temps.

Je vous avoue que pour moi, bien vivre le présent a été une véritable bataille. Mais le Seigneur est très fort. J'étais jeune prêtre encore étudiant et je confiais à mon père spirituel mes angoisses concernant mon futur ministère de prêtre dans mon diocèse. Ce vieux père m'a écouté longuement (lui-même avait passé de nombreuses années de mission en Afrique), puis m'a dit : « Dis donc, Pierre, est-ce que tu as déjà entendu dire qu'en Haute-Loire on ait laissé un prêtre mourir de faim ? » Aujourd'hui, quand je commence à m'angoisser, je pense à la réflexion du père Thibault. Grâce à Jésus, le temps peut nous assouplir, nous bonifier, nous sanctifier. Quand on sème, c'est un enterrement : on enterre les semailles. Et on attend les merveilles de cet enterrement ! Cela veut dire que beaucoup de choses sont possibles que nous ne pouvons pas imaginer. Dieu merci, le Seigneur a plus d'un tour dans son sac. Confiance !

68. Titubants, nous marchons

Et la parabole de la semence minuscule (Mt 13, 31-32) ? C'est une autre facette du Mystère de Jésus préparé par l'Ancien Testament. Très souvent le Seigneur fait beaucoup avec le plus petit, comme dans le passage savoureux de Gédéon. Un ange vient : « Salut à toi, vaillant guerrier ! » Gédéon dit : « Excuse-moi mais il y a erreur ; si j'étais un vaillant guerrier, on n'en serait pas là. Comment peux-tu m'envoyer ? » Réponse du Seigneur : « Je serai avec toi. » Il y a aussi David et Goliath, et bien d'autres. Le Seigneur pourra agir à condition que le petit se laisse faire. Tous ces exemples ont préparé peu à peu le Mystère de l'Incarnation. Dieu nous sauve en se faisant le plus petit. Jésus qui sera compté pour rien, assassiné, cloué sur un arbre qu'on appelle la croix, lui, le méprisé, va devenir le salut. Nous sommes toujours tentés d'attendre un salut spectaculaire. La parabole de la semence la plus minuscule nous invite à croire que le Seigneur peut agir plus facilement dans notre faiblesse que dans notre force, dans notre fragilité que dans notre puissance, dans nos blessures que dans nos perfections. Nos communautés sont-elles alors pour nous des soutiens ? Nous aident-elles à vivre ces moments de mort comme des temps de renaissance aussi ? On demandait un jour à un vieux moine ce que l'on faisait dans le monastère. Il répondit : « Oh, nous tombons et nous nous relevons, nous tombons et nous nous relevons, nous tombons et nous nous relevons... » Nous avons besoin d'un environnement où nous puissions tomber et nous relever alors que titubants, nous marchons vers le Royaume.

69. Aussitôt

L'évangile selon saint Marc est appelé parfois l'évangile de l'« aussitôt ». « Aussitôt dit, aussitôt fait. » Cet adverbe revient très souvent dans les seize chapitres du plus court des quatre évangiles. Jésus appelle les pêcheurs au bord du lac. « Aussitôt », laissant leurs filets, ils le suivent. Jésus leur parle, « aussitôt », etc. Les mamans savent bien que lorsque l'on demande un service, ce qui agace le plus, ce n'est pas d'entendre : « Je ne peux pas », mais d'entendre : « Attends, oui, attends » ou les variantes : « Une minute », « On n'est pas aux pièces », « Mais ne t'énerve pas, enfin ! », « Mais oui, j'y vais, il n'y a pas le feu ! » C'est peut-être pour cela que les moines ont dans leur règle le principe de lâcher ce qu'ils sont en train de faire « aussitôt » que la cloche sonne. (Remarquez, sur ce point, les élèves réussissent parfaitement : les professeurs savent que dès que la sonnerie indiquant la fin des cours a retenti, il est inutile de poursuivre les explications... Mais ce n'est pas dans le même esprit !)

Le moine est en train d'écrire une lettre très importante, il est sur le point de terminer la réparation d'une machine ; la cloche sonne, appelant à l'office des vêpres ; le moine lâche « aussitôt » son stylo ou sa clef à molette pour changer d'habit et rejoindre l'église abbatiale. « Dieu premier servi. » Rien n'a d'importance sinon l'appel du Seigneur. C'est donc une question de foi.

On peut aussi y voir une occasion de charité. Accuser bonne réception d'un courriel « aussitôt » lu le dernier mot, répondre « aussitôt » — par retour du courrier — à une lettre de vœux, ne pas remettre au lendemain ce que l'on peut faire le jour même et bien d'autres délicatesses, c'est vivre l'Évangile du Christ.

70. Winnie et Charles Péguy

Jésus sauve notre rapport au temps. Oserai-je citer le personnage de Winnie l'ourson qui demande à son ami Porcinet : « Quel jour est-on ? » Et quand celui-ci lui répond : « On est aujourd'hui », Winnie lui rétorque : « C'est mon jour préféré ! » Tout simplement.

Vivre le moment présent, aimer l'instant présent. C'est sans doute une des façons d'accueillir les douces remontrances de Dieu telles que les a entendues Charles Péguy :

> *Le sommeil est peut-être ma plus belle création. [...]*
> *On me dit qu'il y a des hommes qui travaillent bien et qui dorment mal ou qui ne dorment pas.*
> *Quel manque de confiance en moi.*
> *C'est presque plus grave que s'ils travaillaient mal et dormaient bien. [...]*
> *Je les plains.*
> *Je leur en veux.*
> *Un peu.*
> *Ils ne me font pas confiance.*
> *Comme l'enfant se couche innocent dans les bras de sa mère ainsi ils ne se couchent point.*
> *Innocents dans les bras de ma Providence. [...]*

Ils gouvernent très bien leurs affaires pendant le jour [...]
Mais le soir venu ils ne se résolvent point,
Ils ne se résignent point à en confier le gouvernement à ma sagesse
L'espace d'une nuit à m'en confier le gouvernement. [...]
J'en administre bien d'autres, pauvres gens, je gouverne la création, c'est peut-être plus difficile. [...]
Vous pourriez peut-être me les remettre l'espace d'une nuit.
L'espace que vous dormiez
Enfin.
Et le lendemain matin vous ne les retrouveriez peut-être pas trop abîmées[1].

VII. L'intendant malhonnête

71. La grande affaire

Comment bien comprendre la parabole du gérant malhonnête (Lc 16, 1-8) ? Elle a de quoi nous heurter car ce gérant se tire d'une situation plus que délicate en faisant des faux en écriture !

Évidemment, Jésus ne donne pas cet escroc en exemple. Ce qu'il nous faut imiter, c'est d'abord son côté astucieux, son imagination. Peut-être aujourd'hui Jésus aurait-il pris cet exemple relaté récemment à la radio. Aux États-Unis, des gens voulaient vendre leur commerce. Mise en vente : 260 000 dollars. Aucun acheteur n'en donnait plus de 150 000. Ils l'ont finalement vendu 10 dollars. Ils ont organisé un concours. Chaque intéressé devait rédiger un texte expliquant ses raisons d'acheter le commerce. Le gagnant, la plus belle rédaction, aurait le commerce. Prix de la participation : 10 dollars. Il y eut 36 000 participants. Ils ont ainsi gagné 360 000 dollars et le premier du concours a eu son commerce pour 10 dollars.

Jésus n'approuve pas la malhonnêteté de l'intendant. Il souligne seulement, avec un peu d'humour, sa clairvoyance et sa sagesse pour préparer l'avenir : le gérant a compris à temps que les amis durent plus que l'argent et que l'argent n'est pas le vrai bien. Jésus nous dit : « Quand il s'agit de gagner de

1. Charles Péguy, *Le Porche du mystère de la deuxième vertu*, 1911.

l'argent, vous avez beaucoup de savoir-faire, de persévérance, d'acharnement, d'habileté. Eh bien, transposez donc autant d'énergie dans le domaine de la grande affaire, la seule qui demeurera au soir de cette vie et sur laquelle nous serons éternellement jugés ! » Concrètement, il nous demande d'abord de faire coïncider nos affaires avec celles de Dieu. Souvent en effet, nous envisageons la vie comme si le Royaume de Dieu était en marge de notre vie. Certains ont leurs dévotions ; par exemple, on conservera l'habitude de faire baptiser, de faire faire la communion, d'aller aux enterrements. Toutes ces pratiques sont très respectables mais ce que le Seigneur désire, c'est qu'il n'y ait pas d'un côté la vie et d'un autre la religion. On a un jour entendu un candidat à l'élection présidentielle expliquer qu'il y avait d'un côté sa foi catholique et de l'autre ses décisions politiques. C'est sûr : il n'est pas facile de ne pas être écartelé ; mais la grande affaire de notre vie, c'est d'arriver à faire coïncider notre foi et toutes nos décisions, faire en sorte qu'il n'y ait plus d'une part mes affaires et d'autre part les affaires de Dieu, mais qu'en gérant mes propres affaires je gère les affaires de mon Père, que le Royaume ne soit plus en marge, que je ne joue plus un double jeu.

72. Double jeu

Voici une histoire qu'on prête aux habitants de Saugues. Il paraît qu'au pays du Gévaudan, on est très spirituel et très pratique. On a dans la poche à la fois le couteau et le chapelet. On est religieux mais on a aussi le sang chaud. Or, un Sauguain avait eu des entourloupettes avec un de ses voisins. Et il avait décidé de lui faire la peau. Le dimanche matin, il arme son fusil et va se poster derrière un buisson sur le chemin où le voisin doit passer pour se rendre au bourg. À six heures et demie, point d'homme, à sept heures moins le quart, les cloches sonnent pour annoncer la première messe de sept heures : toujours personne. Cinq minutes passent, toujours pas de voisin. Alors il dit : « *Ma que drôle me fara manca ma meusse !* (ce pingouin va finir par me faire manquer la messe !) » Faire coïncider sa foi avec sa vie, c'est un travail difficile. Mais il est important de s'y employer.

Bien sûr, il ne faut pas juger trop vite. On m'a raconté que sur un bateau de la marine nationale, chaque dimanche à la messe se côtoyaient le commandant de bord et un quartier-maître. Au bout de quelques mois, à l'occasion d'une fête, l'aumônier les invite à prendre l'apéritif juste après la messe. L'amiral et le quartier-maître ne s'étaient pas beaucoup parlé jusqu'alors. Mais l'apéritif aidant, le quartier-maître se risque à dire au commandant : « Je vous vois à la messe tous les dimanches, et pourtant vous passez votre temps à nous enguirlander. Croyez-vous que ce soit normal ? » L'amiral lui a alors répondu : « Sachez, cher ami, que si je ne venais pas à la messe tous les dimanches, il y a longtemps que vous seriez passés par-dessus bord. »

73. Investir : le taux de crédit du Seigneur est exceptionnel !

Dans quoi investissons-nous ? Je pense à sœur Sainte-Jeanne, une religieuse d'Yssingeaux décédée à 91 ans. Elle avait été « béate », religieuse au service d'un petit village où elle était tout à la fois institutrice, assistante sociale, infirmière, veilleuse de nuit, conseillère conjugale, catéchiste. Voilà une personne qui est partie sans laisser aucun compte en banque, aucune maison, aucun livre, aucune garde-robe pour ses héritiers ; mais y a-t-il une vie plus réussie que la sienne ? Elle a mis tout son savoir-faire, toute son énergie, tout son bon sens, tout son temps au service du Seigneur et des autres. Sa foi était peut-être mystique mais elle ne sentait pas le renfermé. Elle s'étonnait que certains puissent être si peu tournés vers les autres. Alors que l'on venait d'enterrer une personne — la dernière d'une famille dont la lignée venait donc de s'achever —, elle a commenté : « Ce n'était pas du "mauvais monde". Ils n'ont jamais fait de tort à personne. » Puis, après un petit temps de silence : « … et du bien non plus. » Dans cette petite chute (dite dans la discrétion), elle ne jugeait pas, mais disait que pour elle la foi ne peut être qu'agissante.

Que nous sachions avec l'aide du Seigneur être vraiment pleins d'astuces, d'ingéniosité, d'inventivité, pour investir dans la grande affaire. Le taux de crédit du Seigneur n'est pas de 4,5 %, ni de 10 %, ni de 50 %, mais de 100 pour 1 !

5
Jésus se livre dans des rencontres

I. Confiance aveugle

L'aveugle bondit, raconte saint Marc (cf. Mc 10, 46-52). Comme si un ressort s'était détendu en lui sur une simple parole qui relaie l'appel de Jésus : « Confiance, il t'appelle. » Saint Marc ne le précise pas mais on peut penser que cette parole est prononcée par un des apôtres qui devaient constituer un peu comme la garde rapprochée de Jésus oppressé par la foule nombreuse. Les apôtres aujourd'hui, c'est l'Église. Elle est, au milieu du monde, celle qui invite à faire confiance à Dieu.

74. Un ressort puissant

Quand on veut résumer les vingt-cinq ans de pontificat du pape Jean-Paul II, on n'a qu'à rappeler la Parole de Jésus qu'il a citée lors de sa première intervention après son élection : « N'ayez pas peur. » Ces trois mots ont fait tomber le mur de Berlin. Ces trois mots ont décidé des milliers de jeunes à entrer au séminaire ou dans la vie religieuse. Un journaliste écrivait : « Comment ignorer le rôle majeur, actif, primordial, qui fut le sien pour lancer, à partir de la Pologne, la chute des dominos du totalitarisme communiste ? À son signal, les peurs commencèrent à tomber, comme la brume à l'appel de la lumière. »

Son grand ami, le cardinal Ratzinger, parlait un jour de la confiance grâce aux saints du Ciel : « Aux informations, ici, en Italie, une femme a récemment raconté son histoire. Elle attendait un enfant et devait subir une opération cardiaque à grand risque. Très détendue, elle rapporte au reporter qu'elle a simplement dit au Padre Pio : "Padre Pio, aide-moi et aide mon enfant !" Dès lors, elle sut que rien ne lui arriverait. Cela peut apparaître comme une attitude naïve, mais elle reflète bien la confiance qui est donnée si l'on est conscient d'avoir des frères et sœurs dans l'autre monde. Ils sont proches, ils peuvent m'aider et je peux en toute confiance les invoquer. »

75. Il y a Dieu

Nous sommes tous invités à être des distributeurs de confiance. On m'a raconté ce fait. Dans cette famille, le grand-père très aimé venait de mourir. Toute la famille était réunie auprès de lui. Ce grand-père avait un fils prêtre. Comme les autres, il était présent auprès de son père sur son lit de mort. Il venait d'animer un petit moment de prière et toute la famille était silencieuse. La vieille maman pleurait en silence. Parmi les petits-enfants, deux ou trois filles de 15 ou 16 ans sanglotaient. À ce moment-là arrive leur cousine Élisabeth de 19 ans. Élisabeth est handicapée physique. Elle a du mal à marcher et ses bras ne sont pas très habiles. Elle est aussi handicapée mentale. Elle sait à peine lire. Élisabeth entre dans la chambre, s'approche de son grand-père ; sa maman l'aide pour le bénir. Puis elle se tourne vers ses cousines et leur dit : « Pourquoi vous pleurez ? Il ne faut pas pleurer ; il y a Dieu. » Et elle répète plusieurs fois : « Il y a Dieu... Il y a Dieu... » C'était la plus faible de tous, celle qui semblait la plus fragile qui rappelait l'essentiel. « Confiance, il t'appelle. »

La confiance aujourd'hui, c'est un peu comme ces machines à faire peur, dans les fêtes foraines : elles vous balancent dans tous les sens, sans danger, mais non sans frayeur. La différence est que les montagnes russes ou le tourniquet fonctionnent en toute sécurité et sans risque. Avec le christianisme, vous pouvez tout à fait prendre des coups et, dans certains endroits du monde, être tués. Mais le Seigneur est encore avec vous. Il nous offre la sécurité et nous invite à être courageux.

Le salut est proportionnel à trois attitudes : Une bonne confiance en Dieu. Une bonne confiance en soi-même. Une bonne défiance vis-à-vis de soi-même.

II. Accaparés ou parés à l'écoute ?

Cet épisode évangélique est bien connu :

Chemin faisant, Jésus entra dans un village. Une femme nommée Marthe le reçut. Elle avait une sœur appelée Marie qui, s'étant assise aux pieds du Seigneur, écoutait sa parole. Quant à Marthe, elle était accaparée par les multiples occupations du service. Elle intervint et dit : « Seigneur, cela ne te fait rien que ma sœur m'ait laissé faire seule le service ? Dis-lui donc de m'aider. » Le Seigneur lui répondit : « Marthe, Marthe, tu te donnes du souci et tu t'agites pour bien des choses. Une seule est nécessaire. Marie a choisi la meilleure part, elle ne lui sera pas enlevée » (Lc 10, 38-42).

76. Plutôt tournés vers la tâche ou plutôt tournés vers les gens ?

On sent de la jalousie chez Marthe. Jésus aurait d'ailleurs pu lui dire : « Dis donc, ma petite Marthe, tu ne serais pas un peu jalouse ? » Mais Jésus a plus de délicatesse et il voit plus loin. Le mot important est le mot « accaparée ». On peut d'abord faire remarquer qu'il s'agit au départ d'une différence de caractère. Il y a des personnes qui sont tournées vers les tâches alors que d'autres sont tournées vers les gens. Nous prêtres, nous sommes invités dans des familles. Certains, quand ils vous reçoivent, s'activent à la cuisine ; on sait que le repas sera délicieux. D'autres prévoient un repas tout simple mais pour eux l'essentiel est d'avoir un bon moment de qualité, d'écoute réciproque. Qu'est-ce qui est le plus appréciable ? Les deux ! Que les hôtes soient tournées vers la tâche ou qu'ils soient plutôt tournés vers les gens, suivant le cas nous apprécions. Il est tout aussi agréable de n'avoir qu'à « mettre les pieds sous la table » que d'être écouté avec amitié, bienveillance.

AH, CA !!!...
MA FEMME EST TRÈS, TRÈS À CHEVAL SUR LA PROPRETÉ !!!...
PARDON ! PARDON !
PARDON ! PARDON !

77. Accaparés

Mais « accaparé » est un mot fort. Or, il est très facile de se laisser accaparer. Je pense à cette personne âgée que je visitais dans sa chambre d'hôpital ; dès la première minute elle m'a confié son angoisse d'avoir à manger le soir même une soupe qui serait trop chaude. Or nous n'étions qu'au début de l'après-midi... Son esprit était obnubilé par ce souci. Un prêtre âgé qui vit en HLM pour être proche des habitants de ce quartier raconte qu'un matin, au pied des immeubles, il salue un monsieur qui sortait son chien en le tenant par la laisse. Avec un bon sourire, il lui dit : « Qui est le maître ? » Ce monsieur a reconnu, en montrant son chien des yeux : « Je crois bien que c'est lui. » Ainsi tout peut être occasion de se laisser accaparer : un sentiment amoureux mal ajusté, un site internet, une préoccupation bien secondaire... On raconte même cette histoire. Nous sommes pendant la guerre ; les bombardements tout près du chef-lieu du diocèse font rage. Malgré tout, les chanoines chantent l'office dans le chœur de la cathédrale. Cependant les bombardements se rapprochent de plus en plus. Au bout d'un moment, le doyen du chapitre dit à ses confrères chanoines : « Mes frères, arrêtons l'office et mettons-nous à prier »... ! Il était accaparé par l'office et n'avait pas réussi à en faire une prière. Saint Paul dit très justement : « N'entretenez aucun souci. » Il ne dit pas : « N'ayez aucun souci. » C'est absolument impossible. Mais il dit : « Ne les arrosez pas, ne les faites pas pousser ; ne vous laissez pas accaparer par les soucis. » Ensuite chacun a son « truc ». Un jour, j'interrogeais un paroissien, PDG d'une laiterie. Cela représente des soucis gigantesques, vu que le lait est un produit vivant à la durée de vie très limitée et que la production et la consommation varient énormément suivant les saisons. « Dormez-vous la nuit ? » « Parfaitement bien : je me dis qu'on y est toujours arrivé. »

La liberté n'est-elle pas d'abord une libération « de » ?

78. Pratiquant non croyant ?

Marthe, elle, était accaparée. Qu'est-ce qui nous accapare ? Il y a une affirmation que nous entendons régulièrement, nous les prêtres : « Vous savez, mon père, je suis croyant mais pas pratiquant. » J'ai aussitôt envie de dire : « Vous êtes probablement plus pratiquant que vous ne le pensez, mais beaucoup moins croyant que vous ne l'affirmez. » En effet, les baptisés qui disent cela s'exercent sincèrement à « pratiquer » la justice, le respect, la solidarité, l'attention aux autres, le pardon, le service, mille attentions en faveur de leur entourage, bref les valeurs dites évangéliques. Mais quand on leur demande en quoi ils croient, il est très rare qu'ils prononcent le nom de Jésus. Souvent, ils parlent d'un dieu aux contours très vagues. Croient-ils vraiment que le Créateur de tout l'univers s'est fait petit bébé ? Sont-ils absolument persuadés qu'un crucifié dont on avait constaté qu'il était réellement mort est sorti de son tombeau le surlendemain ? Croient-ils que Jésus ressuscité est réellement présent dans une hostie ? Sont-ils réellement convaincus qu'ils sont aimés passionnément, personnellement, infiniment, tendrement, par le Père, le Fils et le Saint-Esprit qui sont trois Personnes distinctes mais qui ne font qu'un ?

La pratique religieuse, représentée par Marie assise aux pieds du Seigneur n'est-elle pas d'abord un bel acte de résistance contre tout ce qui nous accapare ?

III. Le sens de la répartie

Polémique et amour peuvent-ils faire bon ménage ?

L'habileté est une caractéristique du « politique ». Aujourd'hui, pour se présenter aux élections, mieux vaut voir loin et avoir un sens de la répartie surdéveloppé. Dans notre univers médiatique, tous les candidats sont à la recherche du bon mot qui va faire florès (pardon : qui va faire le « buzz ») dans les journaux du lendemain. Mais c'est souvent pour critiquer l'adversaire, le disqualifier, ou simplement pour faire parler de soi. L'Évangile nous apprend que l'habileté peut être aussi un trait de l'Amour. Jésus se montre habile envers ses contradicteurs. Quand on vient l'interroger sur la source de son autorité, il débusque tout de suite la mauvaise foi de ceux qui l'interpellent et il leur dit : « À mon tour, je vous pose cette question : Jean Baptiste, par quelle autorité agissait-il ? » Aussitôt ses adversaires se disent : « Si nous disons que son autorité venait du Ciel, il va nous dire : pourquoi n'avez-vous pas cru en lui ? Et si nous répondons que son autorité venait de la terre, nous allons nous mettre à dos toute l'opinion publique qui le reconnaît comme un prophète. » Alors ils répondent : « Nous ne savons pas. » Et Jésus conclut : « Moi non plus je ne vous dirai pas par quelle autorité je parle et j'agis » (cf. Mt 21, 23-27 et paral.).

L'habileté est une caractéristique de l'Amour parce qu'avec beaucoup de délicatesse, elle peut renvoyer l'autre à ses propres contradictions et le faire réfléchir.

79. Réparties célèbres d'un saint

Jésus a fait école. Pensons notamment à tous ceux qui ont le charisme de la diplomatie dans l'Église, les nonces apostoliques. Un des plus célèbres est Mgr Angelo Roncalli qui deviendra saint Jean XXIII. Dans un banquet officiel à Paris, au moment du dessert, sa voisine lui tend la coupe de fruits. Il choisit de prendre une pomme et dit : « C'est quand Ève tendit une pomme à Adam qu'elle s'aperçut qu'elle était nue. » La dame comprit alors que son large décolleté n'était peut-être pas de bon aloi... Quand il a été élu pape, sa façon d'être et surtout sa façon de communiquer avec autrui coïncidaient très peu avec le style en vigueur depuis des siècles au Vatican. Il y subsistait des coutumes et des habitudes feutrées, des cérémonies et des réceptions d'un autre âge, du temps où le pape était un souverain temporel, c'est-à-dire le roi d'un territoire situé au centre de la péninsule Italienne. Le pape Jean XXIII se rendit tout de suite compte de la situation et il entreprit de commencer à changer certaines habitudes. Il alla bientôt à l'imprimerie du Vatican où était imprimé *L'Osservatore Romano*. Giuseppe Dalla Torre, directeur du journal, en fut extrêmement surpris car il y avait plus de dix ans qu'il n'avait traité personnellement avec le pape. Mais la surprise fut plus grande encore lorsqu'il s'aperçut du but de la visite. Le pape déclara sans ambages qu'il avait toujours lu dans le journal les expressions « le lumineux saint-père » ou « des augustes lèvres du souverain pontife », et d'autres expressions analogues toujours élogieuses. Il souhaitait que l'on change ces expressions par d'autres plus simples. « Parlons sans détour, lui dit-il, dans un style plus conforme à notre époque, un style direct et simple. Par exemple : Le pape a dit ceci ou cela... Le pape a fait... Le pape a reçu... Il n'en faut pas plus. » Le sang aristocratique du comte Dalla Torre ne fit qu'un tour dans ses veines et son visage s'altéra. Voyant cela, le pape lui dit doucement : « J'aimerais mieux » et comme l'affliction du comte ne disparaissait toujours pas, il rectifia encore en lui disant : « Nous aimerions mieux. »

Seigneur, pouvons-nous te demander une perfusion d'habileté, de celle qui avec douceur et délicatesse élève les cœurs et transforme les habitudes ?

IV. Exorcismes

Contre qui lutte le chrétien ?

80. Témoignage d'un moine bouddhiste

Dans son livre témoignage *La sagesse du moine*[1], le moine bouddhiste Ajahn Brahm raconte ce qu'il a vu auprès du vieux moine qui l'a initié au bouddhisme. L'anecdote s'est passée en Thaïlande. Un jour, on annonce à ce maître réputé qu'on lui amène une femme possédée par un esprit mauvais et violent pour qu'il pratique sur elle un exorcisme. Aussitôt le moine dit à ses disciples : « Vite, descendons dans le jardin. En attendant cette femme, creusez vite un trou de deux mètres de profondeur et faites bouillir une grosse marmite d'eau. » Quand les quatre villageois costauds amènent la femme, ils ont du mal à la maîtriser. Elle hurle, elle profère des blasphèmes, des insultes, des grossièretés, elle écume. En présence de cette malheureuse, le moine crie à ses disciples : « Plus vite, plus vite ! Creusez plus vite ! Et vous, activez le feu ! Et rajoutez de l'eau ! C'est urgent : je vais mettre cette femme dans le trou et je vais lui verser l'eau sur la tête. C'est la seule façon de faire partir le mauvais esprit qui s'est emparé d'elle. » Mais deux ou trois minutes plus tard, la femme se calme, épuisée, et s'assoit près du moine pour recevoir sa bénédiction. Le moine bouddhiste commente en disant qu'il avait su réveiller son instinct de conservation.

81. Le diable selon la Bible

Partout dans l'Évangile, on voit que Jésus avait une autorité tout à fait spéciale qui lui faisait trouver le geste, le silence, la parole qui calmait, interrogeait, convertissait. Jésus est ce prophète annoncé par Moïse dont la parole

1. Ajahn Brahm, *La sagesse du moine*, Paris, Almora, 2013.

et les actions sont efficaces. Mais il est plus qu'un prophète. Il est la Prophétie de Dieu en personne. Il est le Sauveur par sa mort et sa résurrection. Le mal n'est pas qu'un dérangement psychique.

Le pape François, dès le début de son pontificat, a étonné par sa façon de parler clairement du diable. Certains pensent qu'il ne s'agit que d'une personnification du mal, juste une façon de parler. D'autres le voient partout. On a dit aussi que sa plus grande ruse était de laisser croire qu'il n'existe pas...

Que peut-on en dire ? Le diable n'est pas le dieu du mal comme le présentaient certaines philosophies. Il y aurait le dieu du bien d'un côté et le dieu du mal de l'autre. Non. Dans la Bible, il est représenté sous la forme du serpent. Comme un reptile venimeux, il a une grande capacité de nuisance mais on peut l'identifier et le combattre. L'Église enseigne qu'à l'origine, il est un ange créé par Dieu. Le mot « Lucifer », d'ailleurs, est composé du mot « lumière ». Quand il a vu dans le projet de Dieu qu'il lui faudrait servir l'homme, le diable a décidé de ne pas servir ce projet. Et quand un ange dit non à Dieu, c'est définitif, c'est irrémé... diable (!). Lucifer a entraîné dans sa chute d'autres anges, les fameux « esprits mauvais ». Dans l'Évangile, quand ils disent : « Je sais fort bien qui tu es », ils voient bien qu'il y a quelque chose d'unique en Jésus, mais ils mentent autant que le démon lui-même, père du mensonge, car il ne faudrait pas penser que les mystères chrétiens soient accessibles à leur connaissance, mystères qui sont révélés par la grâce dont ils sont privés, aux petits et aux humbles qu'ils ont en horreur et dont ils ne comprennent absolument pas le ressort.

82. La stratégie du diable

L'Église enseigne que le diable attaque l'homme à quatre niveaux.

Le premier niveau est celui des « tentations ». Nous savons tous de quoi il s'agit... Et quand nous prions le Notre Père, nous terminons en demandant justement d'être délivrés du Malin.

Le deuxième niveau, ce sont les « oppressions ». Il semble qu'il les réserve aux grands saints. Le saint curé d'Ars ou le Padre Pio ont dû subir des attaques virulentes dans lesquelles intervenaient des visions et des bruits oppressants.

Sa troisième catégorie d'armes, ce sont les « obsessions ». Il agit sur la sensibilité des personnes pour provoquer des peurs ou des découragements. Les spécialistes savent distinguer ces troubles des délires hallucinatoires.

La personne n'arrive plus à entrer dans une église par exemple. Les portes d'entrée dans ces obsessions sont variées : on pensait faire une séance de spiritisme pour s'amuser, on voulait juste faire tourner les tables, et on a ouvert la porte à un esprit mauvais. Il y a aussi la magie blanche et la magie noire, l'astrologie, le pendule, la radiesthésie, les dépendances, les liens avec la mort, la voyance... Comment s'en délivrer ? Par les sacrements, notamment la confession, l'eucharistie, et aussi les sacramentaux comme l'eau bénite, la médaille miraculeuse de la rue du Bac, tout ce qui permet de se confier à Jésus, de s'en remettre à lui.

Le quatrième niveau est le plus mis en valeur par le cinéma : ce sont les « possessions ». Les symptômes sont très forts comme la réaction violente aux objets saints, la révélation de choses cachées ou l'anormalité de la force physique. Ce sont des cas extrêmement rares. En revanche, ce qui nous guette tous ce sont les « possessions » au sens analogique (figuré) du terme : il est facile de se laisser posséder par la fièvre acheteuse ou la fièvre affectueuse (!), la vitesse au volant, l'entretien d'un état de tristesse injustifiée, et toutes sortes d'addictions.

Cependant, il faut se rappeler que Satan, depuis qu'il a été vaincu par le Christ sur la croix, reste un chien méchant, enragé, mais attaché. Il ne mord que ceux qui veulent bien s'approcher de lui. Le mal n'a de pouvoir sur nous que celui que nous voulons bien lui laisser.

83. Gargouille

Le diable peut être comparé à une gargouille. Une gargouille a trois caractéristiques. Elle fait peur. Elle n'est qu'un détail dans l'ensemble de la cathédrale. Elle permet juste de jeter plus loin l'eau de pluie qui abîmerait les murs. De même le diable fait peur (et n'est-ce pas tant mieux ?). Il n'est qu'un ange déchu que Jésus, par sa mort et sa résurrection, a vaincu. Dieu s'en sert pour embellir son œuvre. Dans l'Église catholique, nous avons les moyens de le vaincre et de retourner le mal qu'il fait en du bien pour la gloire de Dieu et le salut de nos frères.

V. Jésus fait son Royaume avec rien

Comment faire plus que tout avec trois fois rien ?

Un jour les apôtres et Jésus admiraient le Temple et regardaient les pèlerins mettre leurs offrandes dans le tronc. Ils virent une vieille femme y glisser deux piécettes. Cette femme venait de tout donner : elle n'avait plus rien (cf. Mc 12, 41-44 ; Lc 21, 1-4).

84. Trois fois rien

Nous nous rappelons le sketch de Raymond Devos :

> *Rien, ce n'est pas rien ! La preuve c'est qu'on peut le soustraire. Exemple : Rien moins rien = moins que rien ! Si l'on peut trouver moins que rien, c'est que rien vaut déjà quelque chose ! On peut acheter quelque chose avec rien ! En le multipliant ! Une fois rien c'est rien. Deux fois rien ce n'est pas beaucoup. Mais trois fois rien !... Pour trois fois rien, on peut déjà acheter quelque chose !*

Un SDF essaie d'entrer à l'Élysée. Les gardiens de la paix l'interpellent : « Eh vous là, où allez-vous ? » « Eh bien, je vais travailler. » Ils poursuivent sous le ton de la plaisanterie :

« Ah bon, et vous êtes dans quoi, dans la sécurité, peut-être ?

— Oh ! Je suis plus haut !

— Ah bon, dans un des cabinets du président ?

— Beaucoup plus haut !

— Vous n'êtes pas chef de cabinet tout de même ?

— Je suis beaucoup plus haut que ça.

— Vous n'êtes pas le président. Vous seriez bien déguisé !

— Je suis beaucoup plus haut que le président. »

Les deux CRS se regardent.

« Vous voulez dire que vous êtes Dieu ?!

— Je suis au-dessus de Dieu.

— Mais au-dessus de Dieu, il n'y a rien !

— Justement, je ne suis rien. Vous l'avez dit ! »

85. J'ai appris rien

Une histoire juive raconte que les adversaires de hassidisme questionnaient un jour Rabbi Aharon :

« Vous ne parlez que de Mezeritch, vous aimeriez envoyer le monde entier à Mezeritch chez votre maître, le grand Maggid de Mezeritch... mais enfin, qu'avez-vous donc appris à Mezeritch ?

— Moi ? Rien.

— Rien ? Mais alors, pourquoi y allez-vous si souvent ? Pourquoi y retournez-vous si ce n'est pour ne rien apprendre ?

— Je vous l'ai dit, répliqua Rabbi Aharon. Je n'ai rien appris à Mezeritch. Ou plus exactement, j'ai appris la signification du mot "rien". J'y ai découvert, par exemple, que moi, Aharon, fils de Jacob, je ne suis rien. Et pourtant, j'existe. Je vis, j'attends, je prie, je m'interroge et je prie encore. N'est-ce pas étrange ? Je ne suis rien, et cependant, je suis un homme parmi les hommes, dans ce monde créé par Dieu. N'est-il pas étrange que tout en étant "rien", je sois capable de vous écouter, de vous parler, de parler à Dieu ?... Eh bien, voilà. Tout cela, je l'ai appris à Mezeritch. »

86. Sainte Bernadette Soubirous

C'est aussi un mot célèbre de sainte Bernadette Soubirous. Quand, le 25 septembre 1863, Mgr Forcade, évêque de Nevers, rencontre Bernadette à l'hospice de Lourdes, il lui propose d'être sœur de Nevers. La voyante fait deux objections. D'une part sa pauvreté : sur ce point, l'évêque la rassure ; d'autre part sa maladie : affaiblie, épuisée, Bernadette dit : « Je ne suis rien... je ne suis bonne à rien. » Bonne à rien ! Ces trois mots, on les a si souvent dits à son sujet autour d'elle ! Ils sont gravés dans ses oreilles et ils sortent spontanément de ses lèvres. Le 30 octobre 1867, ils vont être proclamés officiellement par la mère générale, devant l'évêque de Nevers et la communauté de Saint-Gildard. Dans la matinée, sœur Marie-Bernard, avec quarante-quatre autres novices, fait les vœux temporaires d'une année. Au début de l'après-midi, chaque religieuse est appelée et reçoit un billet qui marque la maison où elle sera affectée. Pour sœur Marie-Bernard, il n'y a rien. Mgr Forcade demande : « Pour quelle raison n'a-t-on pas appelé sœur Marie-Bernard et ne m'a-t-on pas remis pour elle une lettre d'obédience ? » La supérieure générale se lève : « Monseigneur, il n'a pas été possible de lui assigner une obédience : c'est une petite sotte qui n'est bonne à rien. » Mgr Forcade dit alors : « Sœur Marie-Bernard, arrivez ici ! » Elle vient s'agenouiller à ses pieds.

« Vous n'êtes donc bonne à rien ?

— La mère générale ne se trompe pas ; c'est bien vrai.

— Mais alors, ma pauvre enfant, qu'allons-nous faire de vous, et à quoi bon votre entrée dans la congrégation ?

— C'est justement ce que je vous avais dit à Lourdes et vous m'avez répondu que cela ne ferait rien. »

Mère Joséphine Imbert en rajoute : « Cette enfant n'est capable de rien ; elle serait une charge pour la maison où nous l'enverrions. » Monseigneur : « Seriez-vous capable de porter quelques bols de tisane, d'éplucher les légumes ? » « J'essaierai, monseigneur. » Mais voici que l'évêque se ressaisit : « Ma fille, je vous donne l'emploi de prier. » Quelle joie pour Bernadette et avec quelle perfection elle remplira cet emploi ! Combien apprendront à prier en voyant le profond recueillement de Bernadette !

Mais comment faut-il entendre l'expression « bonne à rien » ? En réalité, Bernadette est bonne à beaucoup de choses, elle est douée en de nombreux domaines : elle fait des travaux d'aiguille et assure parfaitement sa charge d'infirmière. En fait, la maladie empêche Bernadette de faire valoir ses talents : intelligence, habileté manuelle, goût de l'ordre, don d'empathie. Quand Dieu veut combler une âme, Il commence par la dépouiller. Il en fait un vase vide, capable de recevoir, dans sa totalité, le don de Dieu. Avec sainte Bernadette, Dieu a fait Lourdes, un lieu qui a du poids désormais !

87. La différence entre le lac de Tibériade et la mer Morte

Chrétiens, nous n'avons qu'un maître et qu'un modèle : le Christ Jésus ! Plus encore que Bernadette, le divin Sauveur nous apprend à désirer l'anéantissement dont lui-même a donné l'exemple, à devenir comme lui doux et humble de cœur, à aimer les pauvres et la pauvreté. Dans le décret sur l'œcuménisme, par exemple, le Concile s'exprime ainsi : « Il nous faut demander à l'Esprit Saint la grâce d'une abnégation sincère, celle de l'humilité et de la douceur dans le service, d'une fraternelle générosité à l'égard des autres[1]. »

---

1. Concile Vatican II, Décret sur l'œcuménisme *Unitatis redintegratio*, 21 novembre 1964, n° 7.

En terre d'Israël se trouvent deux mers, toutes deux dans une profonde dépression qui les situe en dessous du niveau de la Méditerranée : la mer Morte ou mer Salée des Anciens (superficie de 940 km^2, à - 400 m), et la mer de Galilée ou mer de Genézareth ou lac de Tibériade (144 km^2, à - 210 m). Tous ceux qui se sont rendus dans ce pays le savent bien : il existe un grand contraste entre l'une et l'autre. La mer Morte, au Sud, ne contient aucune vie : ni plantes, ni poissons ; ses rives sont nues et désolées. Au contraire, la mer de Galilée, au nord, entretient une vie abondante et est entourée d'une végétation foisonnante. Or les deux mers sont alimentées par les eaux du même fleuve, le Jourdain, qui prend sa source au pied de l'Hermon et qui, après avoir traversé la mer de Galilée, se jette dans la mer Morte. Où donc réside la différence ? La vraie différence, c'est que la mer Morte n'a pas de sortie ; c'est le point le plus bas du globe, et les eaux qui y pénètrent ne peuvent que s'évaporer dans une chaleur étouffante.

Il n'est pas facile d'apprendre à n'être rien. Si nous ne faisons que recevoir sans rien faire sortir de notre foi chrétienne, nous ne pouvons que stagner et nous évaporer. Nous ne donnerons rien de neuf. Si nous rendons en action de grâces tout ce que le Seigneur nous donne, nous aurons tout le paradis pour trois fois rien.

6

Jésus accomplit des miracles

I. *Effata !*

Comment Dieu se venge-t-il ?

88. Ils font entendre les sourds aujourd'hui

Isaïe annonce la « vengeance » de Dieu, la « revanche » du Seigneur. On saccage sa Création, on piétine Ses plans, on ne L'écoute pas, on se moque de Lui, on contrarie Ses projets… Que fait Dieu ? Il se « venge »… en nous envoyant son Fils. Comment savons-nous que son Fils est bien parmi nous, qu'il agit par la force de l'Esprit Saint ? Par les signes du Royaume. Des exemples. Je connais bien une association de parents qui ont adopté des enfants trisomiques et des enfants d'un orphelinat de Djibouti. Il y a parmi eux un petit Nouradine de 12 ans. Il est le quatrième enfant de Sylvie et Pascal. Il est né en Éthiopie. Il a été adopté en toute connaissance de cause : Nouradine est porteur du virus HIV, épileptique et complètement sourd. Ses parents et ses trois grands frères et sœurs ont appris le langage des signes pour communiquer avec lui.

Il y a quelques années, au journal télévisé, on nous a montré une petite fille (de 4 ou 5 ans) sourde de naissance. Ses parents, bien sûr, ont appris le langage des signes pour communiquer avec elle. Mais la maman a eu une idée sensationnelle, une idée que personne n'aurait osé proposer à sa place : ce fut de demander à tous les habitants de la commune d'apprendre eux aussi le langage des sourds, afin que sa petite fille ne soit pas isolée, enfermée dans son milieu familial, mais qu'elle puisse communiquer avec le monde environnant. Sa proposition a été accueillie avec joie. On a pu voir de jeunes enfants comme des personnes âgées apprendre avec beaucoup de sérieux à tenir une conversation avec leurs mains. Ainsi, l'enfant, au lieu d'être enfermée par son handicap, est une petite fille rieuse, enjouée, heureuse, parce qu'elle est entourée d'une atmosphère d'attention et d'amitié comme aucune autre petite fille. C'est pour elle, pour elle seulement, que tous ces gens, jeunes et vieux, se sont donné tant de peine pour apprendre à « parler » avec elle... On aurait aimé en savoir plus. J'imagine le désarroi des parents quand ils se sont aperçus que leur si mignonne petite fille était sourde. Je ne me trompe peut-être pas en pensant qu'ils ont prié avec ferveur pour trouver un spécialiste compétent capable de redonner une vie « normale » à leur petite chérie. J'imagine les commentaires émus des voisins. J'imagine que l'on a prié pour ces gens ainsi éprouvés et pour leur bébé. Peut-être que le prêtre en a fait une « intention » à la messe du dimanche, parce que tout le monde se sentait concerné. Mais à quoi bon ces prières ? Le diagnostic des spécialistes était sans appel... Inutiles, ces prières ? Quand on a vu le visage radieux de la petite si affectueusement entourée, on peut avoir un avis contraire. N'est-ce pas Dieu, Dieu Père lui aussi, qui a inspiré un tel et si exceptionnel élan d'amour autour d'elle ? La « vengeance » du Seigneur, c'est de susciter de tels actes.

89. Il est possible de soigner sa « surdité ». La preuve

Nous ne sommes pas nés sourds-muets et nous ne sommes peut-être pas appelés à adopter un enfant qui souffre de ce handicap, ni à apprendre le langage des sourds. Mais est-ce que nous ne sommes pas sourds-muets d'une autre façon ?

Une femme aux Etats-Unis avait entamé une procédure de divorce. Le juge lui demande : « Pourquoi voulez-vous divorcer de votre mari ? » Elle répond : « Il ne m'a pas parlé depuis deux ans. »... ! Le juge se tourne vers le mari et lui dit : « Est-ce vrai que vous n'avez pas parlé à votre femme depuis deux ans ? » Celui-ci répond : « Oui, c'est vrai, je ne voulais pas l'interrompre. »

Un lundi matin, en ouvrant la porte de son église, M. le curé s'aperçoit que des voleurs sont entrés par effraction et que le tronc des cierges a été

POURQUOI VOULEZ-VOUS DIVORCER DE VOTRE MARI ?
EST-CE VRAI QUE VOUS N'AVEZ PAS PARLÉ À VOTRE FEMME DEPUIS DEUX ANS ?
IL NE M'A PAS PARLÉ DEPUIS DEUX ANS… !
OUI, C'EST VRAI. JE NE VOULAIS PAS L'INTERROMPRE !…

fracturé. Cela le met dans un grand agacement et même une grande colère. Il entrevoit non seulement la perte financière mais surtout la perte de temps pour réparer le tronc et déposer plainte à la gendarmerie. En ressortant de l'église, il tombe sur une paroissienne à qui il confie la surprise du matin. La paroissienne écoute M. le curé et partage son émotion. Elle-même raconte l'histoire à la boulangère quelques minutes après. Et la boulangère va partager la nouvelle du jour aux clients qui disposent d'un peu de temps. En fin de journée, dans le hameau le plus éloigné du clocher de l'église où a eu lieu le larcin, on peut entendre ce dialogue :

« Il s'est passé quelque chose à l'église dans la nuit.

— Ah bon ?

— Oui, c'est grave, il a fallu appeler les pompiers et le transporter à l'hôpital : M. le curé s'est fracturé le tronc en tombant sur une paroissienne. »

Ludovic et Arthur sont deux frères qui ne se ressemblent pas du tout. Ludovic est l'aîné. Il est toujours joyeux, toujours tout sourire, il est très positif. Arthur, lui, est un garçon toujours grognon, grincheux, jamais content, toujours râleur ; il voit tout en noir. Le papa prend conseil auprès de Ludovic pour faire vraiment plaisir à Arthur à Noël. Ludovic dit à son papa : « Il faut lui acheter une voiture télécommandée. » Ce papa cherche un magasin spécialisé. Il veut la voiture la plus belle qui soit. Il en trouve une très chère mais magnifique, rouge, rouge Ferrari. Il la fait emballer dans un superbe papier cadeau et va la cacher au grenier. Pour son fils Ludovic, ce papa part dans le champ du voisin, recueille du crottin de cheval et le met dans une boîte à chaussures. Il l'emballe aussi dans du beau papier cadeau. Le jour de Noël, il distribue les cadeaux. Ludovic et Arthur vont défaire leurs cadeaux respectifs chacun de leur côté. Ludovic découvre le crottin ; il part d'un grand éclat de rire. Il va trouver son frère :

« Alors, qu'est-ce que tu as eu ?

— Une voiture.

— Elle est magnifique, dis donc !

— Non elle est nulle.

— Pourquoi ?

— Parce qu'elle est rouge ; je la voulais bleue. »

Arthur a quand même l'idée de demander à son frère :

« Et toi, qu'est-ce que tu as eu ?

— Moi, j'ai eu un cheval, mais je crois bien qu'il est déjà parti » !

Un jour, au presbytère, nous trouvons dans la salade un tout petit escargot. Le père Pierre aurait pu dire : « Qu'est-ce que c'est que ces cuisiniers qui ne lavent pas la salade ! » Au lieu de cela, il a dit tout de suite : « Cela prouve qu'il n'y a pas trop de pesticides et que nous pouvons la manger de bon appétit. » Pendant le repas, nous avons laissé le petit escargot se promener sur la toile cirée de la table. À la fin du repas il l'avait traversée en longueur ! Le père Pierre a commenté : « Pour un système de locomotion en reptation sur bave, c'est vraiment formidable ! »

Le Seigneur ne demande qu'à ouvrir les oreilles des sourds et à faire parler les muets avec tendresse et sagesse. À ceci beaucoup reconnaîtront que le Royaume est parmi nous !

II. Surfer sur nos peurs

Comment réagir par rapport à tout ce qui nous inquiète à juste titre en tant que croyant chrétien ?

Pour un Hébreu, la mer est synonyme de peurs. Pour le peuple hébreu qui n'est pas un peuple marin, ces étendues liquides représentent le danger, le péril, l'instabilité. Or Jésus marche dessus.

90. 366 fois

La peur ! Dans la Bible, c'est le premier mot du premier homme tout de suite après le péché originel : « J'ai eu peur » (Gn 3, 10). Nous sommes envahis par les peurs : peur de la maladie, peur de la mort, peur du chômage, peur de la « montée de l'islam », peur de l'échec des couples, des enfants ou des petits-enfants, et bien d'autres peurs inconscientes. On a compté que dans la Bible l'encouragement « N'ayez pas peur » ou « Ayez confiance » revient 366 fois. Cela signifie que nous pouvons l'entendre chaque jour, même quand l'année est bissextile ! Jésus peut nous faire surfer sur nos peurs...

91. L'approche de la mort et l'esprit de conquête

Prenons deux exemples très concrets qui nous le rappellent. Le premier est souriant mais sérieux. Le deuxième pourrait être dramatique mais nous invite à l'espérance.

Un prêtre venait d'entrer dans la chambre d'hôpital où se trouvait son oncle prêtre. Il s'approche du malade qui ne voit plus et entend très mal. Le tonton a son chapelet autour du cou :

« Ah c'est toi ! Est-ce que tu as pensé à m'apporter les saintes huiles ?

— Oui, tonton, je les ai apportées.

— Tu as bien fait parce que mon âme commence à serrer les fesses. »

L'onction des malades a pour premier effet d'affermir la personne dans la foi. Jésus est là avec elle. La personne malade se rappelle le psaume : « Passerais-je le ravin de la mort, je ne crains aucun mal ; ton bâton, ta houlette de berger sont là qui me rassurent » (Ps 23 [22], 4).

Autre exemple. Ce dimanche de Pentecôte 8 juin 2014, à 19 heures, les jardins du Vatican sont paisibles. Le pape François est en passe de réussir son pari : réunir autour de lui pour une « invocation pour la paix » le président israélien Shimon Peres, celui de l'Autorité palestinienne, Mahmoud Abbas, et le patriarche Bartholomée. Des récitants des trois communautés de Terre sainte — juifs, musulmans, chrétiens — enchaînent les textes, communiqués à l'avance sur les thèmes convenus avec l'organisateur de la rencontre, le custode de Terre sainte, le franciscain Pierbattista Pizzaballa : action de grâces pour la Création, demande de pardon, prière pour la paix. Le schéma et la durée des trois « moments » sont à chaque fois identiques. Tout se passe bien. Puis le saint-père reprend la parole et ce temps se conclut par la plantation d'un olivier pour signifier « le désir de paix commun au peuple palestinien et au peuple israélien ».

Sauf que, en entendant la prière retransmise, des personnes qui connaissent la langue arabe sont choquées. L'imam palestinien Muhammad Jamal Abou Hounoud a cru bon d'ajouter au texte convenu une pièce : il s'est lancé dans la cantillation des versets coraniques 284 à 286 qui concluent la sourate 2, dite de la vache. Des versets dont la dernière phrase n'est pas vraiment dans le ton de cette rencontre pacifique : « Tu es notre maître, accorde-nous la victoire sur les peuples infidèles (*kâfirin*). »

Les plus progressistes sont sceptiques. Les catholiques intégristes se demandent quelle idée saugrenue a eue le pape François. Quelle réaction avoir ? Un prêtre spécialiste de l'islam m'a assuré que malgré cet incident on peut bénir le Seigneur pour cette initiative du saint-père. Imaginez qu'à un certain président d'une certaine République, le pape François ait dit : « Monsieur le président, votre politique économique est une catastrophe et votre politique familiale conduit à la ruine de la société, alors je vous propose de venir "à la maison" avec le chef de l'opposition pour prier pour votre pays. » On lui aurait ri au nez. Bien sûr, on est outré que l'amitié du saint-père n'ait pas été honorée parfaitement. Mais ce qui nous donne de l'espérance dans cette histoire, c'est que Mahmoud Abbas et Shimon Peres ont accepté aussitôt son invitation.

92. Un mot de sainte Bernadette

On peut rapprocher cela d'une réflexion de sainte Bernadette Soubirous. En novembre 1870, comme les Prussiens, après avoir débordé Paris, s'approchaient de Nevers, on lui demande : « Avez-vous eu dans la grotte de Lourdes quelques révélations relatives à l'avenir de la France ? » Elle répond : « Non. » On lui demande : « Les Prussiens sont à nos portes, est-ce qu'ils ne vous inspirent pas quelque frayeur ? » Réponse : « Non. » On reprend : « Il n'y aurait donc rien à craindre ? » Réponse de sainte Bernadette : « Je ne crains que les mauvais catholiques. » Dernière question : « Ne craignez-vous rien d'autre ? » Réponse : « Non, rien. » Et elle se mettait dans les mauvais catholiques...

Il y a beaucoup de façons d'être un mauvais catholique. Le pape François nous dit souvent de ne pas tomber dans les « mondanités », c'est-à-dire la compromission et la tiédeur. Il dit même dans son exhortation apostolique *Evangelii gaudium* de ne pas agir dans l'Église comme si Dieu n'existait pas... ! Au fond, la mondanité, c'est de ne pas se démarquer du « monde », de faire sans la grâce de Jésus. Pensons à l'incroyable assurance de ceux qui ont découvert le rôle de la Vierge Marie : les rescapés du bloc 14 du père Kolbe à Auschwitz se rappellent encore tel dimanche où ce dernier parlait « des relations de la Mère Immaculée avec les trois personnes de la Sainte Trinité ». À Auschwitz ! C'est la même assurance que chez sainte Bernadette.

93. Quels sont nos tigres ?

Richard Borgman, dans son livre *Une vie conduite par la miséricorde*[1], explique un jeu télévisé espagnol qu'il a trouvé formidable. Le concept est beau, en effet :

> *On demande à plusieurs personnes connues de participer. Toutes ont choisi comme filleul un pauvre, une personne gravement malade, une personne avec un handicap, ou quelqu'un qui est dans le besoin pour d'autres raisons. Les parrains sont des acteurs, des chanteurs, des journalistes, et même un prêtre. On leur demande d'affronter ce dont ils ont le plus peur dans la vie afin de révéler à leurs filleuls, et à nous tous qui regardons, que l'on peut réaliser quelque chose dans la vie même si on part avec un handicap énorme. Et on leur demande d'affronter cette situation pour quelqu'un d'autre. Cela se passe en direct. [...] On a demandé à une femme, qui n'avait jamais été alpiniste ni laveuse de carreaux, de descendre en rappel le long d'un immeuble de quarante étages. [...] Un humble journaliste d'une cinquantaine d'années, Manuel, parrainait une femme plus âgée que lui. On lui demanda d'entrer dans la cage de six tigres blancs de deux cents kilos chacun et de claquer le fouet pour les faire parader. Le dompteur était là aussi, mais c'était Manuel qui leur faisait face, et il était terrifié. Ses mains tremblaient, et la peur se peignait sur son visage en sueur. [...] Il ne faisait cela ni pour l'argent ni pour la gloire, mais pour nous qui l'acclamions, assis bien en sécurité sur notre lit. Aucune séance d'entraînement ne nous aurait fait entrer dans cette cage ; pour tout l'or du monde, je n'y serais pas allé, pas plus d'ailleurs que pour la gloire. J'étais tout simplement mort de peur. Après de nombreuses tentatives, les tigres finirent par se mettre à sauter au travers de leurs cerceaux. Le clou du spectacle, ce fut quand cet homme dut faire de la balançoire juste derrière un énorme tigre à grandes dents. Pendant qu'elle allait d'avant en arrière, le tigre était là, assis sur son arrière-train. Et lui, le regard terrifié, s'accrochait aux deux cordes de la balançoire pour le salut de sa vie. Chose étrange, tout le monde pleurait dans la foule, et moi aussi. Je ne sais pas ce qu'il en était pour les autres, mais moi je pleurais parce que mon cœur était vraiment touché par le courage de cet homme ordinaire*[2].

1. Richard Borgman, *Une vie conduite par la miséricorde*, Paris, Éd. de l'Emmanuel, 2007.
2. *Ibid.*, chap. XXIX.

Et nous, quels sont nos tigres ? Dans l'Évangile, ceux qui veulent suivre Jésus hésitent, retardent le moment pour différentes raisons. Jésus balaye ces raisons de paroles qui sont devenues des proverbes. Jésus n'a même « pas à lui une pierre pour reposer sa tête » (Mt 8, 20) ; « Laisse les morts enterrer leurs morts » (Mt 8, 22) ; « Quiconque met la main à la charrue en regardant en arrière n'est pas fait pour le Royaume de Dieu » (Lc 9, 62). En fait, nos « tigres » sont en nous. Ils prennent différentes formes, mais tous se réduisent à un seul mot : la peur. Peur de la mort, peur de la vie, peur de ne pouvoir être pardonnés de nos actes, peur de finir sa vie dans la solitude, peur du cancer ou de la maladie d'Alzheimer. Peur de vivre dans la pauvreté quand je serai vieux. Peur d'avoir à vivre de longues souffrances physiques avant de mourir. Peur de témoigner de Jésus-Christ dans les rues ou en faisant du porte-à-porte, devant des gens que je n'ai jamais vus. Peur d'être un jour assigné au tribunal. Je crois qu'on peut facilement considérer la peur comme notre pire ennemi. Pourtant, la plupart de ces peurs que je viens d'énumérer sont des peurs pour plus tard, des choses qui n'existent pas encore et qui n'existeront peut-être jamais, parce qu'on n'aura peut-être même pas le temps de devenir vieux ! Alors, on aura eu peur pour rien du tout. Pouvons-nous être libérés de toute peur ? Je ne sais pas, mais en tout cas, dans la prière du Je vous salue Marie, on lui demande simplement : « Priez pour nous, pauvres pécheurs, maintenant et à l'heure de notre mort. » La peur diminue au fur et à mesure que l'amour grandit en moi. Jean, l'apôtre du Sacré-Cœur, nous dit dans sa première épître que l'amour parfait chasse toute peur. C'est maintenant le temps d'aimer, et à l'heure de notre mort, le plus grand amour c'est de donner sa vie pour ses amis. La miséricorde est une corde lancée à une « misère ». Or, un seul est miséricorde, un seul a affronté toutes les peurs des hommes et les a vaincues pour donner confiance à tous les autres. C'est Jésus. La miséricorde, c'est donc fréquenter Jésus autant que nous le pouvons pour dépasser toutes nos peurs afin d'aider les autres.

94. Soyons des poissons

Jésus prend en exemple les renards et les oiseaux du ciel. Richard Borgman parle des tigres. À leur suite, prenons modèle sur les poissons. Premièrement, le poisson vit dans le silence. Aujourd'hui, on a peur du silence. Heureux qui apprend à prier seul, sans aucun bruit, à faire silence pour retrouver Dieu.

Deuxièmement, le poisson garde les yeux ouverts. Aujourd'hui on a peur d'affronter la réalité, on préfère fermer les yeux, pratiquer la politique de l'autruche. Si jamais quelqu'un demandait du secours ! Si jamais il fallait changer de façon de faire ! Le chrétien garde les yeux ouverts sur le monde, sur ses frères, pour leur venir en aide, être attentif à l'autre, au monde. Troisièmement, on admire le poisson pour les reflets brillants sur ses écailles. Il luit. Aujourd'hui on a peur de ne pas avoir le look qu'il faut, on a peur de ne pas être assez joli, on a peur d'être marginalisé parce qu'on ne porte pas de vêtements de marques. Le chrétien deviendra lui aussi « brillant » de la lumière de Dieu. Mais il n'a pas à se préoccuper de ces reflets. C'est l'affaire du bon Dieu. Pensons au cardinal Angelo Roncalli, futur Jean XXIII. Il entre en procession à la chapelle Sixtine pour procéder à l'élection du pape qui doit succéder à Pie XII. Derrière la barrière, une dame s'exclame : « Mon Dieu, qu'il est laid ! » Il l'entend et dit : « Mais le conclave n'est pas un concours de beauté. » Il n'avait pas un physique de top model mais son rayonnement n'a pas fini de s'étendre ! Quatrièmement, le poisson ne quitte pas son milieu, l'eau, sous peine de mourir. Aujourd'hui comme la mode est de vivre hors sol, on a peur d'être trop enraciné dans une culture précise, dans un terreau bien identifié. Pour le chrétien, son milieu est l'Église, il doit y rester plongé pour vivre. Aujourd'hui, se déclarer catholique n'est pas glorieux. L'Église est souvent dénigrée et pourtant ce n'est que dans l'Église que nous rencontrons Jésus vivant, le vrai Jésus et non pas un Jésus évaporé, inventé à notre convenance. Petit poisson deviendra grand puisque Dieu lui donne sa vie.

III. Jésus guérit

« Jésus guérit » : s'agit-il d'un passé simple ou d'un présent ?

95. Soins et guérison

L'Évangile nous dit que Jésus guérit. Un ami médecin dit volontiers qu'il soigne mais que seul le Seigneur guérit. Un jour, je me trouvais dans une chambre de l'hôpital dont j'étais l'aumônier. Un docteur ouvre la porte. Je lui dis : « Vous avez priorité. » Il me répond : « Non, je repasserai ; votre médecine vaut bien la mienne. » Dieu guérit en donnant du génie aux chercheurs et de la délicatesse au personnel soignant. Parce que la guérison est due à une alchimie de compétences et de confiance.

96. Pas de béatification ni de canonisation sans guérison

Aujourd'hui encore, Jésus guérit-il directement sans passer par les médecins ? Nous le croyons. Chaque fois que le saint-père déclare un chrétien bienheureux ou saint, nous savons qu'il y a eu au moins un miracle. Il faut lire la belle histoire du petit Pietro Schiliro, 9 ans, qui a été guéri par l'intercession des parents de sainte Thérèse de l'Enfant-Jésus. Ce miracle a permis à Louis et Zélie Martin d'être béatifiés en octobre 2008.

Revenons sur la guérison de sœur Marie Simon-Pierre qui a permis de savoir que Jean-Paul II est bienheureux. Beaucoup de journaux ont donné la parole à des spécialistes qui se sont dits sceptiques. Voici quelques extraits de la réponse pleine d'humour du docteur Patrick Theillier qui a été pendant onze années en charge du bureau médical de Lourdes.

> *La réaction la plus « touchante » est celle du médecin qui soutient naïvement : « Ce n'est pas possible de guérir du Parkinson, donc le miracle est impossible... ! » [...] Mais le miracle, c'est justement l'impossible qui se réalise [...] Mais ce qui revient le plus souvent c'est de soutenir qu'on ne guérit jamais de cette maladie et donc que l'on s'était forcément trompé dans le diagnostic initial. Là ce n'est pas très confraternel ! [...] Autre argument fallacieux : « Ce n'était évidemment pas Parkinson puisqu'on n'en guérit pas, mais peut-être une forme clinique spontanément curable. » Alors là, j'aimerais qu'on me présente d'autres formes cliniques de maladie de Parkinson spontanément curables... Malheureusement il n'y en a pas dans toute la littérature médicale ! Enfin, autre argument particulièrement de mauvaise foi : « Tout ça, c'est de la supercherie, de l'hystérie : ce qui n'a rien d'étonnant venant d'une femme, qui plus est d'une bonne sœur. » [...] Pardon, cher esprit critique, avez-vous seulement pris la peine d'entendre et de lire le témoignage de la sœur ? Si tout le monde était aussi équilibré et paisible, la face du monde changerait ! Il n'est pire sourd que celui qui ne veut pas entendre. Il y aurait encore beaucoup à dire sur un si beau miracle, si pur, si juste. Tous les critères nécessaires pour reconnaître un miracle sont ici parfaitement rassemblés. Jean-Paul II méritait un si beau miracle ! [...] Les miracles ont pour sens*

ultime de nous remettre dans cette certitude que nous vivons désormais dans ce monde nouveau inauguré par la résurrection du Christ[1].

97. L'option préférentielle pour les malades

Depuis le début du christianisme, les miracles de Jésus en faveur des malades ont poussé les chrétiens à secourir les personnes qui souffrent. Le père Joseph-Marie Verlinde, qui a fondé la famille Saint-Joseph, propose des sessions de guérison spirituelle qui permettent à des centaines et des centaines de personnes de faire l'expérience de l'amour miséricordieux du Seigneur. Son parcours personnel est un beau témoignage de la force de la grâce de Dieu[2]. Le père Verlinde est docteur en sciences physiques. Il parle couramment cinq langues. Ce qui ne l'a pas empêché de se faire avoir au cours de ses études par un gourou qui l'a initié à la méditation transcendantale, et de passer plusieurs années dans des ashrams hindous où très peu d'Occidentaux sont allés. Qu'est-ce qui l'a fait revenir à la foi chrétienne ? C'est qu'un jour, alors que de très bonne heure il traverse un village aux côtés du gourou, dans la pénombre il heurte du pied ce qui lui semble être un corps humain. Il se penche vers lui et s'apprête à demander de l'aide pour ce pauvre homme. Le gourou lui dit : « Viens, laisse-le... » Et comme il hésite, le gourou ajoute : « C'est son karma. » C'est-à-dire : « C'est son destin. Il faut lui laisser vivre ce qu'il a à vivre. » Peu à peu, sa culture chrétienne se réveille. Il se rappelle la parabole du bon Samaritain. Le Seigneur veut que nous trouvions notre joie à mettre toutes les ressources de notre intelligence et de notre cœur au service de celle ou celui qui souffre.

98. Chacun de nous a un don de guérison. Les enfants le savent bien

Terminons par deux mots d'enfants.

Pendant la guerre au Vietnam, des obus sont tombés sur un orphelinat, blessant plusieurs enfants. Parmi eux, il y a une petite fille de 9 ans, sérieusement blessée, qui perd beaucoup de sang. On réunit un groupe d'enfants

1. Patrick THEILLIER, « À propos du miracle de Jean-Paul II », *France Catholique*, n° 3245, 4 février 2011, p. 24-25.
2. P. Joseph-Marie VERLINDE, *L'expérience interdite*, Paris, Éd. Saint-Paul, 1998.

qui n'ont pas été blessés ; et dans leur français limité, le médecin et l'infirmière leur expliquent que l'un d'eux doit donner son sang pour sauver la vie de la petite fille. Les enfants gardent un lourd silence. Puis une petite main hésitante se lève, la main d'un petit garçon de 10 ans. C'est le petit Heng. Après avoir fait les tests de compatibilité, on commence tout de suite la transfusion. Tout à coup, Heng se met à trembler et à pleurer. L'infirmière lui demande s'il a mal. Il fait signe que non mais il se remet aussitôt à pleurer abondamment. L'équipe médicale demande ce qui ne va pas. Une infirmière vietnamienne arrive et s'adresse au jeune dans sa langue maternelle. Elle lui dit quelques paroles à l'oreille et Heng redevient tout à fait calme. Elle explique aux Américains : « Il a demandé à quelle heure il mourrait car il pensait qu'il devait donner tout son sang et mourir pour sauver la vie de la petite fille. »

Un petit Martin est avec sa maman et joue dans le jardin devant la mairie. En courant de-ci de-là, il aperçoit un vieux monsieur, tout triste, assis seul, sur un banc. Martin ne sait pas qu'il vient de perdre sa femme. Mais il a vu la tristesse et les larmes discrètes du vieux monsieur. Alors, il va vers lui, et, sans rien dire, il s'assied à côté de lui. Sa maman l'appelle et lui dit : « Tu vois bien que le monsieur a beaucoup de peine. Il ne faut pas le déranger. » « Maman, je ne le dérange pas ; je l'aide à pleurer. »

IV. La multiplication des pains

On pourrait faire cette lecture du miracle de la multiplication des pains : « Si ce jour-là, Dieu a nourri une si grande foule avec cinq pains et deux poissons, pourquoi ne fait-Il rien aujourd'hui pour les peuples affamés en Afrique, en Inde et dans tous les bidonvilles ou favelas du monde ? Il ferait d'une pierre trois coups : cela nous aiderait aussi pour croire en Lui et pour évangéliser ! »

Ce serait s'en tenir à une lecture bien trop superficielle de cette page de l'Évangile.

Jésus n'agit pas comme un prestidigitateur. Il réalise ce miracle de la multiplication des pains avec l'art de rester discret et de déléguer : la foule n'est pas assise comme dans un amphithéâtre pour assister à l'exploit ; dans un premier temps, seuls les disciples en sont témoins. Deuxièmement, Jésus veille à ce que ce soient ses disciples qui distribuent les pains et les poissons.

99. La technique moderne est-elle si forte que cela ?

Pourquoi est-il si difficile d'évangéliser à notre époque ? Parce qu'au fond de notre esprit, il y a toujours le rêve d'un Dieu magicien. Et comme Dieu ne veut pas faire le magicien, nos contemporains reportent ce rêve sur la technique : elle va résoudre tous les problèmes ! C'est vrai que notre confort s'est amélioré, que notre espérance de vie a augmenté, que notre espace s'est élargi aux dimensions du monde, ou que le monde est devenu un petit village grâce aux avions et à internet. Mais le philosophe Fabrice Hadjadj écrivait récemment, avec un peu d'ironie, dans une chronique de *Panorama*, une revue mensuelle, que notre système techno-industriel est « inefficace à un point qui dépasse les limites de l'imagination ». D'après certains, il consommerait « 40 % des ressources primaires mondiales pour subvenir aux besoins de 6 % de la population du monde ». Autre exemple : nous nous déplaçons plus vite, mais c'est en ayant détruit les chemins, augmenté le temps passé dans les transports et perdu les bénéfices de la marche (qu'on prétend restaurer avec des rameurs d'appartement). Du reste, si dans le calcul de la vitesse, l'on inclut le temps qu'il a fallu pour construire les véhicules et les infrastructures autoroutières, extraire le pétrole et acheminer l'essence, ainsi que le temps qu'il faudra pour réparer les dégâts collatéraux opérés sur la nature, nos bolides ne vont plus qu'à l'allure d'une tortue malade. Les anciens savaient qu'il valait mieux réfréner sa cupidité que lui lâcher la bride : plus on la satisfait, plus elle réclame, et c'est la frustration qui gagne. Quant au Christ, il nous rappelle que l'essentiel est autour d'une table, avec du pain et du vin, dans l'amitié et la parole.

À côté de ces choses simples, notre progrès n'est que fuite en avant, notre croissance, un rapetissement au niveau des « promos » du magasin.

On peut comparer cela à un homme qui aurait besoin d'un ami et à qui on ne donnerait que des steaks hachés. Les steaks ne correspondent jamais à son besoin intime, alors il les multiplie, finit par dévorer toutes les bêtes à viande, du bœuf au lombric, en passant par l'autruche. Et il meurt d'indigestion tout en restant sur sa faim. Ce qui n'est pas très efficace, il faut l'avouer.

100. Dieu est dans la simplicité

Dans cette histoire de la multiplication des pains, nous reconnaissons facilement la messe : « Il prit les pains, il prononça la bénédiction, il les rompit, il les donna aux disciples et les disciples les donnèrent à la foule. » Ce jour-là Jésus a multiplié les pains pour dire son désir de donner sa vie en forme de nourriture à la terre entière, ou plutôt à chacun de ses frères en humanité.

Jésus est juif. Les juifs savent que Dieu agit dans la discrétion plus que dans le spectaculaire, dans la simplicité plus que dans le tape-à-l'œil sans lendemain, dans la délicatesse qui fait faire à l'autre plutôt que dans la brutalité qui ne résout rien. Écoutons ces belles histoires juives :

Un enfant au cours d'un shabbat, demande à son papa : « Dis, papa, comment se fait-il que le Seigneur — béni soit-Il — ait choisi Israël pour se révéler alors que nous sommes si petits ? Il aurait dû choisir l'Égypte et tout le monde aurait compris qu'Il est plein de sagesse. Ou alors Babylone, et tout le monde aurait compris qu'Il est ingénieux et puissant. Pourquoi a-t-Il choisi un pays si petit ? » Et le père répond : « Le Seigneur — béni soit-Il — a choisi Israël, parce qu'Il n'a pas trouvé plus petit, pour faire comprendre à tout le monde qu'Il vient toujours dans l'humilité. »

Au cours d'un autre shabbat, un garçon assis sur les genoux de son papa, lui demande : « Dis, papa, pourquoi le Seigneur — béni soit-Il — est apparu au Sinaï dans un buisson ? Pourquoi n'est-Il pas apparu sous la forme d'un palmier ? Tout le monde aurait compris qu'Il domine le monde. Pourquoi n'est-Il pas apparu sous la forme d'un figuier ? Tout le monde aurait compris qu'Il est source de toute vie. Pourquoi n'est-Il pas apparu sous la forme d'un cèdre ? Tout le monde aurait compris Sa majesté. » Et le père juif répond : « le Seigneur — béni soit-Il — est apparu à Moïse sous la forme d'un buisson pour bien nous faire comprendre qu'Il vient toujours à nous dans la petitesse, l'humilité et la simplicité. »

À chaque eucharistie, Jésus se donne en nourriture dans une petite hostie à chacun de ses frères. Il espère bien ainsi les transformer en tabernacles pleins de joie, de vie et d'amour inventif pour imprégner notre monde de sa propre douceur et de son humilité.

7
Jésus et le mariage

I. Mariage indissoluble

Quels peuvent être les secrets des couples qui durent ?

101. Le « niet » de Jésus

En plus de sa mort sur la croix et de sa résurrection par lesquelles il a sauvé le monde, Jésus a dit des choses qui ont apporté énormément à l'humanité. Par exemple, Jésus a rendu un service énorme à l'humanité en réintroduisant l'indissolubilité du mariage. Nous connaissons l'histoire. On vient trouver Jésus pour le questionner sur la fameuse phrase du livre du Deutéronome : « Lorsqu'un homme prend une femme et l'épouse, et qu'elle cesse de trouver grâce à ses yeux, parce qu'il découvre en elle une tare, il lui écrira une lettre de répudiation et la lui remettra en la renvoyant de sa maison[1]. » C'est la Loi. Question : quelle est la tare pour laquelle on peut répudier sa femme ? Les plus intransigeants disent : « Une soupe mal cuite, une incompatibilité d'humeur. » Les plus modérés disent : « Une grave infidélité, un adultère, trois adultères dûment constatés. » Toute une gamme de motifs est ainsi évoquée.

1. Dt 24, 1.

Et on vient questionner Jésus de Nazareth. On s'attendait à ce qu'il donne une réponse moyenne, comme une grave incompatibilité d'humeur. Et nous connaissons la réponse de Jésus : « Jamais. » Au-delà de la Loi de Moïse, il en appelle à la Genèse, c'est-à-dire au désir, au dessein de Dieu quand Il crée le couple. Jésus rappelle que le mariage est indissoluble, que nous devrions tous comprendre dans notre cœur que lorsqu'on s'engage envers quelqu'un, c'est pour toujours.

102. Le doute peut même être le moteur de l'action

Le philosophe français Descartes a une belle comparaison pour expliquer que le doute ne nuit pas à l'action. Il en est même le moteur. Qui veut tout maîtriser se trompe. Imaginons des voyageurs perdus en pleine forêt. Que vont-ils faire ? Ils décident de partir dans une direction. Ils marchent tout droit pendant deux heures, puis ils se rendent compte qu'ils ne sont pas encore sortis de la forêt. Ils opèrent donc un quart de tour sur la droite et ils se remettent à marcher... Au bout d'une heure ou deux ils n'ont toujours pas trouvé de sortie. Ils tournent alors à 90° sur la droite et ils continuent la progression. Deux heures plus tard, toujours aussi perdus, ils referont la même opération... Et c'est ainsi que ces voyageurs continueront de tourner en rond. Voilà ce qui arrive à ceux qui remettent en cause sans arrêt leur décision. Si ces voyageurs avaient continué tout droit sans dévier de leur première décision, ils seraient, tôt ou tard, sortis de la forêt. De fait le couple humain ne repose que sur un seul socle : non pas l'intensité du sentiment amoureux, non pas le plaisir continuel d'être ensemble, mais la volonté de durer. C'est la volonté de durer qui fait trouver les moyens de s'aimer de mieux en mieux.

103. Le château de Weinsberg

En Allemagne, un vignoble célèbre s'appelle Weinsberg, « la cité du vin ». La région fut colonisée primitivement par les Romains vers l'an 150. Vers l'an 1000, fut construit un château fort (aujourd'hui en ruine). En 1140, les habitants se réfugient tous dans le château. Après un long siège, le roi Conrad de Hohenstaufen les oblige à se rendre. Plus précisément, il ordonne aux femmes de sortir avec leurs enfants. Tout le monde a bien compris que c'est dans le but d'exécuter tous les hommes. Il permet aux femmes cette faveur : elles peuvent sortir du château avec ce qui leur est le plus cher, elles peuvent prendre sur leur dos leur bien préféré. Après quoi, le souverain en finira avec les hommes prisonniers du château. Ils seront tous exécutés. C'est alors qu'on vit toutes les femmes sortir… avec leur mari sur leur dos. On pense d'ailleurs que certaines avaient triché un peu : les plus plantureuses emportaient les maris les plus gros. Le roi accepta parce que, dit-il, « un souverain ne peut se dédire ». Ces femmes sont connues sous le nom de *Treue Weiber von Weinsberg* (« les femmes fidèles de Weinsberg »). Le château aujourd'hui porte le nom Weibertreu (« fidélité des femmes »).

104. À chaque couple son secret

Un jour, alors que je venais de concélébrer une messe de prise d'habit dans un monastère, je me retrouve à marcher à côté de la grand-mère de la jeune religieuse pour aller jusqu'à la salle à manger. Cette dame me dit à l'oreille : « Avec mon mari, nous allons fêter nos soixante ans de mariage. » Je lui dis : « Quel est votre secret ? J'ai lu cette semaine que le record du monde est détenu par un couple de Britanniques : quatre-vingt-cinq ans de mariage ! Lui a 105 ans, elle en a 103. Quand on a demandé au monsieur son secret de longévité, il a répondu : "Toute ma vie, j'ai dit : *Yes, my dear*, Oui, ma chérie." » C'est l'humour anglais. Mais cela lui laissait le temps de réfléchir. Elle m'a répondu : « Nous, c'est peut-être parce qu'on se fait toujours des bisous. » Les deux réponses sont touchantes.

Même à la télévision on peut cueillir des « perles ». En voici une. Ce jour-là, le présentateur de ce jeu qui met en concurrence des couples s'extasie devant la performance de deux candidats. « Vous avez soixante ans de mariage ?!… avec la même femme ?! Mais, dites-moi, comment fait-on pour vivre avec le même homme, la même femme pendant plus d'un demi-siècle ? » Le monsieur a répondu très gentiment : « Vous savez, nous sommes de la génération qui répare, pas de la génération qui jette. » Et son épouse a renchéri délicieusement : « Et mon mari est un excellent bricoleur ! » Autrefois on raccommodait les chaussettes, on rapiéçait les pantalons, on utilisait volontiers les services du cordonnier, du maréchal-ferrant, du chaudronnier, du vitrier. Maintenant, on jette et on remplace. Tout. Les chaussettes trouées, les vêtements qui ne nous plaisent plus, les fenêtres même à vitrage isolant, même en bois, les appareils ménagers, les voitures quand le cendrier est plein... et les conjoints.

Le cardinal O'Malley, un cardinal américain (et franciscain !) qui a un délicieux humour pince-sans-rire, raconte qu'un jour, alors qu'il était déjà évêque, il rencontre un couple qui lui annonce fièrement qu'ils fêtent leurs cinquante et un ans de mariage. Il leur demande quel est leur secret. Le monsieur lui dit : « Dès le début de notre mariage, j'ai dit à ma femme que je voulais que nous agissions vraiment en scientifiques, que nous ne laissions rien au hasard, et que, en conséquence, je prendrai les grandes décisions et qu'elle prendrait les petites décisions. » « Cela a marché ? » lui demande-t-il. « Très bien, lui dit le monsieur, parce qu'il n'y a eu que de petites décisions à prendre. » Le cardinal O'Malley embraye en disant que la grande décision c'est d'aimer. Tout le reste n'est que succession de petites décisions. Il faut toujours se rappeler que « nous sommes trop petits pour vivre de grands drames » et que nos vies sont grandes par la vérité, la charité, la fidélité inscrites dans le quotidien.

II. Les différences sont un arc-boutant de l'unité

105. Un plongeon. Et après ?

Que se passe-t-il quand un garçon ou une fille « tombent » amoureux ? On peut dire qu'il se passe quelque chose comme un plongeon dans un torrent en plein été. Ce qui leur arrive les submerge. Ils ressentent un bien-être comme jamais. Ils sont plongés dans la joie. Ils prennent un bain de confiance. Ils se sentent lavés, embellis, revigorés, régénérés. Et après ces sentiments si forts ? Après, ils ont deux solutions : la première est de se laisser emporter par le courant, faire la planche et descendre en direction de l'océan. Mais là, ils risquent de rencontrer une eau de plus en plus polluée. En effet, nos fleuves se chargent de pollutions diverses et variées, de détritus avariés. Ils ont alors de moins en moins envie de rester dans cette eau qui les indispose, voire les empoisonne. La deuxième solution est de nager en direction de la source de ce torrent. C'est difficile. C'est ardu. C'est laborieux parfois. Mais l'eau est de plus en plus pure. C'est cela, la décision du mariage : remonter jusqu'à la source de l'Amour, se rapprocher le plus possible de Celui d'où jaillit l'Amour.

106. Poule ou cochon, le don n'est pas le même

Mgr Dominique Rey, à Paray-le-Monial en août 2015, a fait rire aux éclats les cinq mille participants à la session réunis sous la tente du parc du Moulin-Liron. Il a commencé son homélie en disant : « Je vais vous poser une question d'ordre gastronomique : dans une omelette, quelle est la différence essentielle entre les œufs et les lardons ? » Grand silence. « Eh bien, dit-il, les œufs sont un cadeau de la poule, les lardons sont le cochon lui-même. La poule donne ses œufs. C'est très bien. Mais le cochon, lui, se donne lui-même. C'est bien de donner ce que nous avons. C'est encore mieux de donner ce que nous sommes. » Le mariage est une voie royale pour s'exercer à ce don radical. Donner ce que nous sommes, c'est se donner sans condition, sans restriction, totalement, définitivement.

OUAIS,
C'EST SYMPA TES
ŒUFS ..
...POUR
LEUR OMELETTE
AU JAMBON !...
...N'EMPÊCHE
QUE MON COUSIN PAUL
S'EST VACHEMENT PLUS
IMPLIQUÉ!!!

107. La réponse du génie fatigué

De même qu'il y a des week-ends de préparation du mariage, il y a des week-ends de réparation du mariage. Pourquoi le mariage a-t-il besoin de « contrôles techniques » réguliers ? Je le dis à travers une « blagounette ». Mesdemoiselles et mesdames, ne prenez pas mal cette histoire : elle est un appel, en tout cas un désir de bien faire. Un homme est en train de marcher le long de la Seine et trébuche sur une vieille lampe. Il la ramasse, la frotte et un génie en sort. Le génie, qui n'a pas l'air ravi, dit : « Ok, ok. Tu es content, tu m'as libéré de la lampe. Ce mois-ci, c'est la quatrième fois et je commence à en avoir assez ! Alors tu peux oublier les trois vœux habituels car je ne t'en accorde qu'un ! » Notre homme s'assoit et pense longuement... Au bout d'un moment, il se décide et demande : « J'ai toujours rêvé d'un voyage à Tahiti, malheureusement j'ai peur de l'avion et j'ai le mal de mer. Pouvez-vous me construire un pont, jusqu'à Tahiti, pour que je puisse m'y rendre en voiture ? » Le génie ne dit rien pendant quelques secondes, puis éclate de rire : « C'est impossible ! Pense à ce qu'il faut utiliser pour soutenir un tel pont, pense au béton qu'il faudra faire couler, aux tonnes d'acier ! Je suis un génie, d'accord, mais je ne peux pas faire de miracle ! Il faut tout de même rester dans le domaine du raisonnable. Non, demande-moi autre chose, c'est trop compliqué ! » L'homme se remet à réfléchir. Au bout de quelques minutes, il trouve autre chose : « Est-ce que tu pourrais m'aider à comprendre ma petite femme ? Elle me dit toujours que je ne m'intéresse pas à elle et que je suis insensible. Alors, ce que je voudrais, c'est... comprendre ma petite femme, savoir ce qu'elle ressent, et ce qu'elle pense lorsqu'elle est silencieuse, savoir pourquoi elle pleure, pourquoi elle rit... Bref, comprendre sa psychologie. » Le génie le regarde, puis demande : « Le pont, tu le veux à deux ou quatre voies ? »

108. Une brise ou une bise

Le mari doit se rappeler qu'il y a un moyen de comprendre la psychologie féminine, c'est le langage de la tendresse. On raconte que le vent était tombé amoureux d'une vague. « Ma chérie, que veux-tu que je te fasse : un ouragan, un typhon, une tornade, un tourbillon, une bourrasque ? » La petite vague lui dit : « J'aimerais que tu me fasses une petite bise » !

Les actes de maris attentionnés : « Je t'ai ramené ceci de mon voyage, quand je l'ai vu j'ai pensé à toi », « Je mets partout des petits papiers sur lesquels j'ai écrit : "Je t'adore" », « Je lui apporte le petit-déjeuner au lit avec un plateau rempli de fleurs et je reste près d'elle », « Je lui chatouille les pieds le matin », « Je lui fais des petits bisous surprise à la cuisine », « Je mets le couvert quand je me lève », « Je me lève plus tôt pour aller chercher du pain frais à la boulangerie », « Il ne me laisse jamais porter un bagage », « Je fais le service à table », « Il enlève les arêtes de mon poisson. »

109. Le pardon, pain quotidien

J'avais dit aux élèves de troisième qu'il était important de réfléchir au pardon, que si un jour on voulait réussir sa vie de couple il fallait savoir pardonner au moins une fois par semaine à son conjoint. La catéchiste qui m'accompagnait rapporte ce propos à sa belle-mère qui lui dit : « On voit bien qu'il n'est pas marié. C'est sept fois par jour qu'il faut pardonner : les chaussettes qui traînent, la remarque agressive, la voiture encore rayée, les courses oubliées, le beurre pas rangé à sa place dans le réfrigérateur, la lampe de la cave laissée éclairée, etc. » C'est tout cela, aimer en vérité l'autre.

C'est le fait de forger leur unité au quotidien qui sera le plus beau cadeau que les époux offriront à leurs enfants. En Afrique, une liane est une tige flexible incapable de se soulever toute seule. Elle rampe donc au sol jusqu'à ce qu'elle rencontre un arbre robuste. Alors elle s'accroche à ce support et grimpe jusqu'à la cime. Car elle aussi voudrait voir le soleil. Il en est de même pour les enfants. Ils ont besoin de l'arbre solide du couple dont les racines sont nourries par Dieu.

Un exemple : un petit garçon de 3 ans, Valentin, envoie un méchant coup de pied à son grand frère de 6 ans, Alexis. Leur maman le surprend en flagrant délit, ce qui, d'une part, empêche Alexis de se venger et, d'autre part, permet à Valentin de savoir qu'il y a des gestes à ne pas faire. Leur maman dit à Valentin de demander pardon à son grand frère. Valentin bredouille un « pardon » à Alexis. « Allez, faites-vous une bise. » Alexis s'exécute mais il vient dire par-derrière à maman : « C'est bien parce que je connais Jésus (!). » Jésus nous élèvera toujours au-dessus de nous-mêmes.

III. Le chameau et le tout à l'ego

110. Le mirage, le chameau et le monastère

On demandait à quelqu'un, un jour, de trouver une comparaison pour dire ce qu'est un mariage : la coiffeuse le matin, la mairie, l'église, le vin d'honneur, etc. Il a répondu : « Le mariage c'est comme un mirage : vous voyez les dunes de sable fin ondulées par le vent, l'oasis, les palmiers qui ploient sous le poids des dattes, l'eau d'un bleu introuvable nulle part ailleurs... Et puis tout cela se dissipe, le mirage disparaît et il ne reste plus... que le chameau ! » Nous avons tous nos côtés « chameau », reconnaissons-le !... Un jour, dans un monastère, la messe se terminait. Dans l'évangile du jour, Jésus disait qu'il est plus facile à un chameau de passer par le trou d'une aiguille qu'à un riche d'entrer dans le Royaume des cieux. Malicieusement, le père abbé du monastère a improvisé une prière après la communion : « Seigneur, toi qui vois tous nos efforts pour tenter d'élargir le trou, apprends-nous plutôt à rétrécir le chameau. »

Le chameau c'est notre moi, notre ego. On dit avec humour que notre moi, notre ego ne meurt qu'un quart d'heure après notre mort effective. Il a de la résistance ! Et parfois c'est amusant. Deux exemples :

Il y a plus de soixante-dix ans, un évêque trouvait plus conforme à son rang de parler au pluriel de majesté. Plutôt que de dire « je », il disait « nous ». C'est respectable. Cela peut être une façon de moins se mettre en avant. Mais cet évêque avait comme tout le monde ses petites faiblesses, et notamment, il était vaniteux. Cela donnait ce dialogue cocasse : « Lorsque nous étions jeune, nous faisions ceci, nous organisions cela, nous avions réussi à monter encore ceci. » Un prêtre malicieux l'interrompt gentiment et lui dit : « Monseigneur, lorsque vous étiez jeune, vous étiez plusieurs ? » « Non, nous étions seul »... !

Woody Allen, le célèbre réalisateur de cinéma, est plus direct. On lui demande : « Quelle est votre religion ? » Il répond : « J'ai été élevé dans la religion hébraïque mais assez vite j'ai choisi la religion narcissique. »

111. Force centripète et force centrifuge

Nous naissons comme cela, centrés sur notre ego. Mais — bonne nouvelle ! — depuis notre baptême, nous sommes plongés dans la mort de Jésus. C'est-à-dire que sa façon de mourir est inscrite en nous. C'est la différence entre la force centripète et la force centrifuge. Nous naissons avec une force centripète qui nous fait tourner autour de nous-mêmes. Au baptême, est inscrite en nous la force centrifuge qui animait Jésus : il est tourné vers son Père et vers les autres.

Ce qui est offert aux couples à leur mariage, c'est l'amitié de Jésus. C'est dire que Jésus nous aime individuellement, personnellement. Jésus n'aime pas toute l'humanité, il aime chacun différemment, parce que chacun est différent. Il n'aime pas vu de haut, de loin, comme on peut dire qu'on aime les pauvres ou les petits Chinois : aimer ne se conjugue qu'au singulier. Il aime Lazare, il aime saint Jean, il aime chacun d'entre nous personnellement, comme des amis. « Posant son regard sur lui, Jésus se mit à l'aimer » (Mc 10, 21). Et il nous invite à la foi. De par notre nature, nous pouvons être plus ou moins généreux. De par notre éducation, nous pouvons être plus ou moins portés vers le service des autres. De par les rencontres qui nous ont marqués, nous pouvons avoir le souci de témoigner de l'attention aux autres ou au contraire nous méfier des autres. De par nos gênes ou les blessures subies, nous pouvons nous laisser attendrir ou au contraire être plus portés à nous moquer. Mais la foi, c'est autre chose. C'est la décision de mettre Jésus en priorité et de le suivre. C'est ce qui était demandé au jeune homme riche. Il s'agit de suivre Jésus d'abord dans le fond de notre cœur où il nous précède. Cela, c'est comme les oignons. Il faut les éplucher pour atteindre le cœur. Cela prend du temps et cela fait pleurer. Mais Jésus dit justement : « Heureux ceux qui pleurent. »

Un des signes que nous avons quitté le « tout à l'ego » pour suivre Jésus, c'est quand nous pouvons témoigner de lui. Dans un de ses livres, le père Timothy Radcliffe raconte[1] :

> *Accueilli dans la chambre d'amis de gens que je connaissais et incapable de dormir après avoir donné une conférence, j'ai allumé la vieille télévision, qui ne disposait que d'une chaîne. J'ai regardé un acteur comique qui ridiculisait la religion. Ce n'était pas méchant, c'était même plutôt drôle mais le message général était clair : il faut être vraiment naïf pour croire tous ces trucs : la résurrection des morts, sacré bon sang... Devant ce genre de discours, toute*

1. Timothy Radcliffe, *Faites le plongeon*, *op. cit.*, p. 291.

personne ayant un tant soit peu de bon sens peut voir que c'est de la bêtise. Les gens naïfs sont en fait ceux qui croient que les seules vérités recevables sont celles qui sont évidentes. Pourtant, dans cette circonstance, son type d'humour emporta l'adhésion de la foule. Son regard fit le tour de la grande salle où des centaines de gens partageaient son mépris pour les croyants et il demanda si quelqu'un était chrétien. Un jeune homme à l'air affable et sans malice leva la main. Il y avait quelqu'un qui était prêt à porter la honte. Il avait rétréci le chameau.

112. La baraka

À propos de chameau, il y a quelque chose d'intéressant. Le mot hébreu que l'on traduit par « bénédiction » se dit *berakha*. C'est la même racine que le mot arabe que tout le monde connaît : « avoir la baraka », c'est avoir de la chance, être béni. Or c'est le même verbe que l'on emploie pour le chameau. Faire baraquer un chameau, c'est le faire mettre à genoux de façon à pouvoir le charger ; ainsi pourra-t-il accomplir sa mission. Les deux chameaux qui se retrouvent après la disparition du mirage restent avec la grâce de leur mariage : ils seront « baraqués » (bénis) chaque jour s'ils restent « baraqués » (à genoux, conscients de leur petitesse, de leurs limites). Ils seront bénis s'ils restent humbles et pauvres.

Entre mariage et mirage, il n'y a qu'un *a* de différence ; c'est le *a* de la grâce... Et la grâce, c'est en personne celui qui est l'Alpha et l'Oméga, Jésus.

Il faut conclure par le leitmotiv qui termine chacun des chapitres du magnifique livre du père Michel-Marie Zanotti-Sorkine[1] : « Cela dit, si rien de tout ceci n'a été vécu, tout est récupérable, rien n'est perdu, d'autres voies s'ouvriront pour donner chance à l'amour. »

1. Michel-Marie Zanotti-Sorkine, *L'amour. Une affaire sacrée, une sacrée affaire*, Paris, Éd. du Rocher, 2014, p. 29, 41, 51, 61, 73, 80, 89, 97 et 102.

8

Jésus aime son Église

I. L'institution des Douze

Qu'est-ce que Jésus a voulu instaurer : le Royaume des cieux ou l'Église ?

113. Les Douze, le Onze tricolore, le XV de France

La constitution de la hiérarchie de l'Église dans l'Évangile est décrite dans des lignes d'une densité, d'une précision et d'une sobriété bouleversantes. Saint Luc précise que Jésus avait passé la nuit en prière. Parmi les disciples, il appelle à lui ceux qu'il veut. Jésus agit souverainement. Il institue les Douze.

Instituer : le verbe est très fort. Il institue les Douze comme plus tard en France, on instituera le Onze tricolore ou le XV de France. Il ne les crée pas seulement pour son temps. Mais pour des générations et des générations. Et puis il ne faut pas se limiter trop précisément au chiffre en lui-même. Il y a aussi les remplaçants. Un jour Matthias remplacera Judas.

Pourquoi constitue-t-il les douze apôtres ? Pour l'aider, pour le seconder, pour le représenter, pour le rendre présent. Sans doute. Mais d'abord « pour qu'ils soient avec lui ».

Celui qui est appelé à être apôtre doit d'abord entrer en intimité avec Jésus, rester en communion avec lui, après seulement il pourra prêcher et chasser les esprits mauvais. Au fond, l'apôtre doit rester disciple, c'est-à-dire un éternel étudiant toujours à l'écoute du Maître. La bienheureuse Élisabeth de la Trinité demande au Seigneur la grâce d'être toujours « enseignable » afin d'apprendre tout de lui.

Saint Marc précise que Jésus a donné ce jour-là un surnom aux fils de Zébédée, Jacques et Jean : « Fils du tonnerre »... On sent l'affection de Jésus pour ses apôtres. Son humour aussi. Il sait déjà que l'humour, c'est comme les essuie-glaces : ça n'arrête pas la pluie mais cela permet d'avancer. Effectivement la pluie ne va pas manquer. C'est signalé par la présence de Judas, « celui-là même qui le livra ». Parce qu'il n'y a pas d'évangélisation sans la croix.

114. Le ciment de l'Église

Nous sommes dans une paroisse à Marseille. Comme partout ailleurs, chaque mercredi, les catéchistes s'activent auprès des enfants. Mais ce jour-là, M. le curé visite le groupe de CM1 de Mme S. Après avoir salué la catéchiste et les enfants et guidé le moment de prière, M. le curé leur pose quelques questions. « Les enfants, pourquoi l'Église de Jésus, c'est du solide ? Elle dure depuis deux mille ans et elle continue de se développer. » Étienne, un garçon à l'air très dégourdi, lève le doigt pour répondre.

« Oui, Étienne, pourquoi l'Église, c'est du solide ?

— L'Église, c'est du solide, parce que Jésus l'a bâtie sur Ciment-Pierre ! »

Ce « ciment » pourrait être celui décrit par un anthropologue. Il a proposé un jeu aux enfants d'une tribu africaine. Il a mis un panier de fruits près d'un arbre et a dit aux enfants que le premier arrivé gagnerait tous les fruits. Au signal, tous les enfants se sont élancés en même temps... en se donnant la main ! Puis ils se sont assis ensemble pour profiter de leur récompense. Lorsque l'anthropologue leur a demandé pourquoi ils avaient agi ainsi, alors que l'un d'entre eux aurait pu avoir tous les fruits, ils ont répondu : « *Ubuntu*. Comment l'un d'entre nous peut-il être heureux si tous les autres sont tristes ? » *Ubuntu* dans la culture xhosa signifie : « Je suis parce que nous sommes »...

Quand on lit de près l'Évangile et que l'on découvre la personnalité de Simon-Pierre, on peut dire que Jésus a eu un superbe trait de génie et d'humour à travers le surnom qu'il a donné à son apôtre pour le désigner comme le responsable de son Église. Pierre... Pauvre Pierre, si fragile, si fluctuant, si peu sûr de lui-même ! On le voit même après la Pentecôte quand il s'agit de trancher l'énorme question : faut-il ou non imposer aux non-juifs les lois de la Première Alliance, notamment la circoncision et l'interdiction des aliments impurs ? Dans un premier temps, Simon-Pierre se laisse convaincre par la vision que le Seigneur lui donne : « Ce que Dieu a purifié, toi, ne le dis pas souillé » (Ac 11, 9). Mais peu de temps après, il se laisse influencer par les traditionalistes, dirions-nous aujourd'hui. C'est saint Paul, lui-même Hébreu fils d'Hébreu, pharisien, ancien persécuteur des chrétiens, qui lui remonte les bretelles. Paul raconte cet épisode dans la lettre aux Galates :

> *Mais quand Pierre est venu à Antioche, je me suis opposé à lui ouvertement, parce qu'il était dans son tort. En effet, il prenait ses repas avec les frères d'origine païenne jusqu'au moment où arrivèrent de Jérusalem des amis de Jacques. Mais quand ils furent là, Pierre prit l'habitude de se retirer et de se tenir à l'écart, par peur des frères d'origine juive. Tous les autres frères juifs jouèrent la même comédie que lui, si bien que Barnabé lui-même s'y laissa entraîner. Mais alors, quand je vis que ceux-ci ne marchaient pas droit selon la vérité de l'Évangile, je dis à Pierre devant tout le monde : « Toi, tout juif que tu es, il t'arrive de suivre les coutumes des païens et non celles des Juifs ; alors, pourquoi forces-tu les païens à faire comme les Juifs ? » (Ga 2, 11-14).*

Jésus va précisément l'appeler du nom qui est le plus éloigné de ce qu'humainement cet homme pouvait tenir… de sa nature ! Le nom de Pierre dit toute la tendresse de Jésus pour cet homme. Simon a fait l'expérience du regard de Jésus qui « pétrifie » au bon sens du terme, qui rend solide jusqu'à pouvoir donner sa vie.

II. Œcuménisme catholique

Quelle est la place de l'Église catholique dans la recherche de l'unité ?

115. Le philosophe perdu dans le monastère

Le bienheureux pape Paul VI, dans un discours, a raconté un épisode gracieux et symbolique. Un grand philosophe était un jour l'hôte d'un monastère et avait prolongé jusqu'à une heure tardive sa conversation spirituelle avec un vieux moine. Puis, voulant faire retour à sa cellule, il sortit dans le couloir sur lequel donnaient les portes des cellules, toutes pareilles et toutes également fermées. Dans l'obscurité, il n'arrivait pas à identifier la porte de la cellule qui lui avait été assignée ; d'autre part, impossible dans cette obscurité de revenir à celle du moine qu'il venait de quitter ; il ne voulait pas non plus déranger quelqu'un durant le rigoureux silence monastique de la nuit. Ainsi le philosophe se résigna-t-il à passer la nuit, absorbé dans ses pensées, en se promenant lentement le long du corridor du monastère devenu soudain mystérieux et inhospitalier. La nuit fut longue et pesante ; mais elle finit par passer, et les premières lueurs de l'aube permirent au philosophe fatigué d'identifier sans peine la porte de sa cellule, devant laquelle il avait passé tant et tant de fois sans la reconnaître. Il commentait : « Il en est souvent ainsi de ceux qui cherchent la vérité ; ils passent tout près d'elle au cours de leurs veilles sans la trouver, jusqu'à ce qu'un rayon de soleil de la divine sagesse vienne leur rendre aussi facile qu'heureuse la consolante découverte. La vérité est proche. Puisse, frères aimés, ce rayon de la divine lumière nous en faire à tous reconnaître la porte bénie ! »

116. Une invitation à la conversion

Ainsi, malgré son ouverture d'esprit, Paul VI ne peut rien faire de plus que de souhaiter la découverte de la porte par laquelle on se retrouverait à nouveau dans l'unique Église… Dans son livre *Paul VI secret*[1], Jean Guitton, son confident, communique quel est pour le grand pape le chemin des retrouvailles. Il s'appelle conversion et non convergence :

> *Sans doute, le mot « conversion » a quelque chose de choquant pour nos frères séparés ; et vous avez bien fait de montrer dans le texte que vous avez lu au Concile (le 30 novembre 1963) qu'à l'effort que nous demandons à nos frères pour se réunir à nous devait correspondre un effort, crucifiant aussi de notre part, pour purifier l'Église romaine de ses rites, afin qu'elle soit désirable et habitable, comme l'avait souhaité mon prédécesseur. Mais si l'on considère que toutes les Églises sont équivalentes et qu'elles doivent toutes converger vers une Église future qui n'est pas encore, alors nous ne sommes plus dans la perspective véritablement catholique…*

1. Jean Guitton, *Paul VI secret*, Paris, Desclée de Brouwer, 1979.

Rendre l'Église romaine « désirable et habitable » à tous les chrétiens n'est pas une petite tâche sans doute, mais la désigner avant qu'elle ne soit devenue telle est un crucifiant dilemme sur lequel les successeurs de Paul VI n'ont rien relâché de sa rigueur. Il n'y a qu'à lire l'encyclique *Ut unum sint* de saint Jean-Paul II qui invite à la recherche des solutions, tout en restant à l'écoute celles qui ne sont pas tout à fait satisfaisantes. Le 29 juin 1995, dans la basilique Saint-Pierre, avec toutes sortes d'égards pour son auguste visiteur Bartholomée Ier, patriarche de Constantinople, il maintenait comme essentielle à la vision catholique du pontife romain une juridiction souveraine, « l'autorité transmise par le Christ aux apôtres l'étant en la personne de Pierre ».

C'est la tâche de ceux du dedans d'améliorer la luminosité de la porte, soit par leurs prières soit par leur sainteté. Mais au-delà, grand embarras !

III. Citoyens célestes

117. Pourquoi était-il si important que Judas soit remplacé ?

On connaît le mot d'Alfred Loisy, il y a cent ans : « Jésus a annoncé le Royaume, et c'est l'Église qui est venue. » On l'a souvent compris comme une ironie : on attendait un avènement formidable et on nous a confectionné une institution rabat-joie. Or, dans le Nouveau Testament, on voit clairement que le premier souci de Jésus est de fonder son Église. Il s'en occupe dès le premier chapitre. Saint Luc précise que Jésus avait passé la nuit en prière. Parmi les disciples, il appelle à lui ceux qu'il veut. Jésus agit souverainement. Il institue les Douze. Quand Judas fera défaut, la première décision des autres apôtres sera de le remplacer. L'Esprit Saint désignera Matthias.

Pourquoi remplacer Judas ? Parce qu'il fallait que l'Église repose sur douze « colonnes » comme le peuple de la Première Alliance reposait sur les douze fils de Jacob.

Pourquoi l'Église ? Pour que nous ayons en permanence Jésus. Justus et Matthias ont été proposés parce qu'ils ont vécu avec Jésus jour et nuit pendant trois ans, et surtout parce qu'ils ont « mangé et bu avec lui après sa résurrection d'entre les morts » (Ac 10, 41). L'Église est uniquement basée sur l'expérience des apôtres. Elle traverse les siècles pour nous donner Jésus. Car en fait, le Royaume de Dieu, c'est Jésus !

Mais que fait Jésus ? La réponse est dans l'Évangile : Il « se consacre lui-même, pour que nous soyons consacrés » (Jn 17, 19).

Qu'est-ce que ça signifie ? Première image : Jésus est comme un alpiniste qui a ouvert une voie que l'on croyait infranchissable. Il allait au casse-pipe. Mais il en est sorti vivant. Deuxième image : Jésus est notre « ascenseur ». Dans tous les ascenseurs il est écrit : « Interdit à plus de quatre personnes. Poids total autorisé : 375 kg. » Pour Jésus, il n'y a pas de limites. Il peut tous nous prendre en charge. Saint Basile dit que grâce à Jésus nous gagnons la « citoyenneté céleste ». Si je m'unis à lui, je pourrai moi aussi passer en Dieu. « Sacrifier » vient de *sacrum facere* : « faire saint » ; au fond c'est « faire divin, faire passer en Dieu ». Depuis deux mille ans, cette consécration des hommes se fait par les sacrements, le premier étant le baptême. Parce que nous naissons tous avec un manque. Nous sommes incapables de connaître le Vrai Dieu. Le baptême nous réoriente vers Lui. La confirmation vient confirmer cette aptitude à nous unir au Vrai Dieu.

118. La quête à la messe

Mais c'est un long travail qui se fait essentiellement par la messe. Au moment de l'offertoire, le prêtre verse une petite goutte d'eau dans le vin. Une fois que cette goutte d'eau est mêlée au vin, pouvons-nous la retirer du vin ? Non, elle est devenue inséparable du vin. C'est cela la messe : je peux et je veux devenir inséparable de Jésus.

Dans certaines familles, pour les fêtes familiales, la maman donne en secret aux enfants des cadeaux pour leur père, et le papa, des cadeaux pour leur mère. Ils leur donnent d'être donateurs de dons. Le Seigneur fait pareil. Il cultive notre dignité en nous traitant non pas en simples bénéficiaires de ses dons, mais en personnes capables de mettre quelque chose sur l'autel à Lui donner en retour.

Du coup, à la messe, tout a du sens. Même la quête. Des petits malicieux disent que la messe c'est « une quête au cours de laquelle on fait une prière ». On raconte aussi qu'un jour, dans un avion en perdition, dont les passagers savaient qu'il était sur le point de s'écraser, l'un d'eux affolé se lève et crie : « Pour l'amour de Dieu, que quelqu'un fasse quelque chose de religieux ! » Sur quoi un catholique bondit immédiatement et se mit à faire la quête ! Nous offrons un peu de notre argent. Il symbolise toute la semaine de travail offerte à Dieu. Nous reconnaissons que notre force, nos talents, notre capacité de résistance, tout ce qui nous permet de gagner notre vie vient aussi de Dieu et est destiné, en dernière instance, à Dieu. Ainsi, quand nous allons au travail le lundi matin, nous n'entrons pas sur un terrain qui serait en dehors de la religion. Au contraire, nous sanctifions même le train-train le plus profane par la grâce de l'Esprit Saint.

Une petite histoire pour nous encourager. Un homme avait prévu beaucoup de bidons d'eau, des gourdes et des bouteilles et les avait entassés dans son 4x4. Il voulait traverser le désert sans y mourir de soif. Un ami bien intentionné lui fit remarquer qu'une bonne bêche serait moins encombrante. En effet, dans le désert, il y a de l'eau. Il suffit de creuser. Notre ami partit donc équipé de sa seule bêche. Lorsqu'il eut soif, il se mit à creuser et s'aperçut très vite qu'il n'y avait pas d'eau dans son petit trou. Il en creusa donc un autre plus loin. Et ainsi de suite jusqu'au découragement complet. Il avait été trompé... À vrai dire, c'est lui qui avait manqué de patience. Oui, il y a de l'eau dans le désert, mais ce n'est pas en multipliant les trous qu'on la trouve. Il faut creuser toujours plus profond. Il en va de même dans la vie spirituelle. Ce n'est pas en picorant que l'on étanche sa soif, mais en allant jusqu'au bout du chemin que l'on a commencé. Seigneur, dans une société où le zapping est devenu tellement courant, fais-nous la grâce de durer, de demeurer en ce lieu pour que tu aies le temps de nous diviniser.

IV. Si ton pied te scandalise, coupe-le. Si ton œil te scandalise, arrache-le

119. « Leur ver ne meurt pas et leur feu ne s'éteint pas »

Tout le monde connaît ce passage déstabilisant où Jésus dit qu'il vaut mieux couper les membres de notre corps qui nous conduisent au péché. Dans cette page de l'Évangile (Mc 9, 42-48) on a l'impression que le Seigneur parle de beaucoup de choses. Nous ne percevons pas tout de suite comment elles s'enchaînent. Par ailleurs, cela devient de plus en plus sinistre. C'est pourtant de la fin que vient la lumière. Le dernier verset est en effet une citation de l'Ancien Testament. Or lorsque Jésus cite un verset de l'Ancien Testament, il renvoie à tout le texte ; lorsqu'on va lire le texte, on comprend ce que Jésus veut dire.

Donc, le Seigneur nous dit : « Il vaut mieux que tu entres borgne dans le Royaume de Dieu que d'être jeté avec tes deux yeux dans la géhenne, *où le ver ne meurt pas et le feu ne s'éteint pas* » (Mc 9, 47). En fait, il cite le dernier verset du livre d'Isaïe. Allons le lire : nous trouvons un magnifique texte d'une dizaine de versets, une splendide prophétie de l'Église :

> *Étant donné leurs pratiques et leur projet, dit le Seigneur, le moment est venu pour moi de rassembler des nations de toutes langues, [...] Je mettrai chez elles un signe de mon autorité. [...] J'irai même jusqu'à choisir dans ces nations des prêtres et des lévites, déclare le Seigneur. [...] tout le monde viendra s'incliner devant moi, dit le Seigneur. Alors on viendra voir les cadavres des gens qui m'ont été rebelles. La vermine qui les ronge n'est pas près de mourir, et le feu qui les dévore ne s'éteindra pas de sitôt (Is 66, 18-24).*

Jésus nous parle donc de son amour pour l'Église et nous dit le prix qu'elle a à ses yeux. La foi d'un chrétien, d'un de ces « petits », est si précieuse aux yeux de Jésus que celui qui mettrait cette foi en danger mériterait les plus durs châtiments. Il nous dit aussi que l'Église n'est pas figée dans le petit nombre des initiés : elle regarde au-delà de ses frontières visibles tous ceux que Dieu appelle au salut, et à qui il donne des éclairs de vérité et de charité pour qu'ils commencent à s'acclimater à l'Évangile ; ou encore ceux qui resteront dehors mais qui recevront la grâce d'une certaine adhésion mystérieuse au Christ lorsqu'ils manifesteront leur bienveillance aux chrétiens, ou lorsqu'ils aideront l'Église dans l'épreuve.

Mais Jésus parle aussi des ennemis de Dieu. Qui sont-ils ? Au départ, personne. Car Dieu a tout créé par amour. Mais le diable s'est fait l'ennemi de Dieu, avec les démons qu'il a entraînés dans sa chute. Normalement, pour ce qui est des hommes, aucun ne devrait être concerné par les ennemis de Dieu, parce qu'il y a dans la croix du Christ plus d'amour que tous les péchés passés, présents et futurs. De sorte qu'aucun péché, même le plus immense, ne nous perdra puisqu'on peut justement venir les confesser à l'Église et, dans un sincère repentir, être pardonnés et sauvés. Le diable ne peut pas détruire l'Église, qui est l'œuvre du Christ, mais il peut essayer de nous faire sortir de l'Église pour nous perdre. C'est particulièrement clair lorsque Jésus dit : « Coupe ton pied » ; si nous nous en allons et sortons de l'Église pour ne plus y revenir, nous quittons la Vérité et le Salut. Nous prenons le gros risque de mettre notre confiance dans des choses qui nous feront dériver loin du Seigneur. Quand Jésus dit : « Arrache ton œil », c'est pour exprimer que lorsque nous sommes dans l'Église et que nous regardons avec envie les non-chrétiens (en pensant qu'ils peuvent profiter de leur argent sans retenue, faire et regarder ce qu'ils veulent, etc.), alors nous pourrions perdre confiance dans l'Église et commencer intérieurement à nous séparer d'elle. Quand il dit : « Coupe ta main », cela peut renvoyer au fait que nous sommes dans l'Église mais tellement crispés sur les biens de ce monde (par exemple sur une certaine petite « souris ») que nous perdons de vue que l'Église — et c'est le plus important — nous rend capables de la vie éternelle et nous conduit jusqu'au seuil des portes du paradis, si nous persévérons en elle jusqu'à la mort.

120. Membres du Corps du Christ

Connaissez-vous le sketch de la visite de la léproserie d'un humoriste célèbre ? C'est l'histoire d'une jeune coopérante en Afrique qui veut, sans plus tarder, s'initier à toutes les réalités de son nouveau champ d'action. Et c'est ainsi qu'elle décide de commencer par le plus dur : la visite d'une léproserie. Un premier lépreux se présente : il lui manque les membres supérieurs, les bras. « C'est à cause de la lèpre... », dit-il, fataliste. Un autre arrive : il lui manque les membres inférieurs, les jambes. « C'est la lèpre... » Un troisième survient : « Venez, dit-il, moi, je vais vous montrer les membres de ma famille... » La visiteuse s'enfuit sans vouloir en voir davantage, et court encore... On peut dire aussi : « Venez visiter notre Église... » Vous risquez de vous apercevoir que bien des membres qui devraient se trouver là manquent à l'appel. Ce n'est déjà pas très réjouissant. Mais il y en a tant d'autres qui semblent perdus définitivement et auxquels on préfère ne pas penser : ce serait trop déprimant ! Pourtant, nous sommes l'Église des ressuscités. De nouveaux bourgeons surgissent de partout. Ne vous sauvez pas : l'Église est bien vivante !

121. Bourgeons d'Église

Un de ces nouveaux bourgeons, c'est Thierry Bizot. Il est réalisateur de jeux télévisés, scénariste de séries de télévision. Sa conversion a été tellement étonnante que son épouse en a fait un film : *Qui a envie d'être aimé ?* Voilà ce qu'il dit sur l'Église[1] :

> *Il y a deux façons de voir les choses. Avant, j'allais à la messe, je voyais les gens s'ennuyer. Être catholique, pour moi, c'était s'ennuyer tous ensemble. Cela m'arrive encore de m'ennuyer à la messe. Mais j'ai découvert une deuxième façon de voir les choses. Je suis un grand « fan » de David Bowie. J'ai tous ses disques pirates. Quand je vais à un de ses concerts, j'arrive en avance. J'ai à ma droite un petit punk de 22 ans, avec des cheveux orange et douze piercings, et à ma gauche un gars genre routier avec sa canette de bière posée sur son ventre. Je les regarde : ces deux gars-là, j'ai juste rien à voir avec eux. Je n'ai rien à leur dire. Mais on commence à parler de David Bowie : « T'as été au concert de 1983 ? J'ai le disque pirate... » Ils deviennent mes frères en deux minutes. On s'échange nos numéros de portables et nos adresses mail. Maintenant, je vais à la messe. Je vois les gens. Ils sont comme moi. « Fans » de Jésus. Ce sont mes frères et mes sœurs. Instantanément. Cela fait deux mille ans que ça dure. Uniquement en se passant la parole de l'un à l'autre. Pour moi, l'Église est un jeune club qui a deux trésors inoxydables : la parole de Dieu et les gens qui la composent.*

V. D'un temple à l'autre

122. Pourquoi Jésus a-t-il pris le fouet ?

Et qu'est-ce qu'il a voulu dire en affirmant : « Détruisez ce temple et en trois jours je le relèverai » (Jn 2, 19) ?

Le geste de Jésus, ce jour-là, n'est pas une colère due comme pour nous à une réaction émotionnelle, mais un mouvement de sainte colère. Ce geste fort s'inscrit dans la ligne des gestes des prophètes :

Jérémie avait déambulé dans les rues de Jérusalem avec un joug sur les épaules pour supplier le peuple d'accepter de se soumettre à Babylone. Il

1 Thierry Bizot, *Sauf miracle, bien sûr*, Paris, Seuil, 2013.

était descendu chez le potier pour dire que tant que le vase n'est pas passé au four, il est possible de le remodeler. Il faut se convertir au bon moment.

Osée avait épousé une femme adultère pour faire réagir le peuple infidèle.

Quand Jean-Paul II embrassera le sol à ses descentes d'avion, ce geste aura aussi une portée prophétique.

Quand le pape François se rend dans une prison pour laver les pieds des détenus, il invite avec force à se mettre au service des marginaux de la société.

Pour bien comprendre la prophétie de Jésus, il faut se rappeler à quoi servait le Temple de Jérusalem. Mille deux cents ans auparavant, a été scellée l'Alliance sur le Sinaï. Ce jour-là, Moïse a proclamé la Loi des Dix Paroles. Le peuple a répondu solennellement qu'il les mettrait en pratique. Moïse a fait sacrifier des taureaux sur un autel de pierres. Il a pris de ce sang, en a aspergé le peuple en disant : « Ceci est le sang de l'Alliance que le Seigneur a conclue avec vous » (Ex 24, 8). Le Temple a pour fonction de faire entrer et de maintenir dans cette alliance toutes les générations (y compris les défunts, comme nous le raconte le livre des Maccabées — qui n'étaient pas des morts comme on pourrait le penser [!] mais une famille de résistants très courageux). Pour cela on offre des sacrifices d'animaux, on chante les psaumes, on lit la Parole du Seigneur. Le problème est qu'à cause du péché, toutes ces pratiques sont insuffisantes pour permettre à l'homme de demeurer en présence du Seigneur.

Le temps est venu de conclure une alliance nouvelle et définitive. Jésus va proclamer la Loi nouvelle et le sang va être répandu, non pas du sang de taureau, mais le sang de Dieu le Fils ! L'Alliance ne va pas se limiter à un peuple mais va être élargie à tous les hommes.

123. Le nouveau temple

Quel est ce nouveau temple qui va être construit en trois jours ? Un enfant va au catéchisme le mercredi matin. L'abbé lui explique ce que dit saint Paul, à savoir que nous sommes le temple du Saint-Esprit, c'est-à-dire que, depuis notre baptême, le Saint-Esprit habite en chacun de nous comme dans un sanctuaire sacré. L'après-midi, parce qu'il a fait une bêtise à la ferme paternelle, il reçoit un magistral coup de pied au derrière de la part de son père. Le gamin se tourne alors calmement vers le paternel et lui dit : « Tu viens de faire un gros péché : tu viens de donner un coup de pied au temple du Saint-Esprit. »

Mais son père, qui a au moins autant de répartie que lui, a le dernier mot: « Un coup de pied, peut-être à la sacristie du temple, mais pas au temple »...

Comment devenons-nous temples du Saint-Esprit ? C'est que par le baptême nous avons été introduits dans un autre temple, un temple rempli de l'Esprit Saint depuis la Pentecôte : l'Église. Elle n'est pas l'association de tous les temples du Saint-Esprit. Le jour de Pentecôte, le feu envahit la maison et chacun en reçoit sa part... Donc, ce temple nouveau, c'est l'Église, l'ensemble des baptisés. Elle est chargée de rendre présente l'Alliance éternelle conclue par la croix. Elle la « monnaye » dans tous les sacrements, en premier l'eucharistie qui est « la source et le sommet[1] » de tous les autres. Elle est tout à la fois le sacrifice de louange, le sacrifice d'adoration, le sacrifice de pardon, le sacrifice de supplication.

Du Temple de Jérusalem, il reste encore ce que l'on appelle le « mur des Lamentations ». Pourquoi le Seigneur a-t-il voulu qu'il y ait des juifs après la venue du Messie ? Il y a plusieurs raisons dont celle-ci : pour que nous comprenions mieux notre propre liturgie, nos sacrements, notre religion. Un seul exemple : nous croyons que Jésus est réellement présent à la messe. Personnellement je l'ai mieux compris le jour où l'on m'a expliqué que lorsque les juifs célèbrent la Pâque autour du 15 avril, à un moment du repas, le père de famille se lève, prend une besace sur son dos et imite quelqu'un en marche. Pourquoi ? Parce que le juif qui participe au repas pascal aujourd'hui sait que ce rite le rend contemporain de l'événement de l'exode, du passage de la mer Rouge. Pour eux, il ne fait aucun doute que Dieu est là, qu'Il « passe ».

« Par Jésus-Christ, nous avons l'accès auprès du Père, dans un seul Esprit » (Ep 2, 18). La prière chrétienne est adressée au Père, par le Fils. C'est seulement « par Jésus » et « en son nom » que nous avons accès au Créateur de l'univers. « Tout ce que vous lui demandez en mon nom, dit Jésus, mon Père vous l'accordera » (Jn 15, 16).

---

1. Benoît XVI, Exhortation apostolique post-synodale *Sacramentum caritatis*, 22 février 2007, n° 3.

TU VIENS DE FAIRE UN GROS PÉCHÉ! TU VIENS DE DONNER UN COUP DE PIED AU TEMPLE DU SAINT-ESPRIT
UN COUP DE PIED, PEUT-ÊTRE À LA SACRISTIE DU TEMPLE, MAIS PAS AU TEMPLE
FPUM!

124. Il donne accès au Père

Les Américains racontent que pendant la guerre de Sécession, suite à un drame familial, un soldat avait reçu la permission d'aller à Washington pour obtenir une exemption. Mais en se présentant à la Maison-Blanche, il n'avait pas réussi à obtenir d'audience du président. Il était assis tristement sur un banc dans un parc proche, quand un petit garçon a engagé la conversation. Le soldat lui a raconté sa triste histoire. L'enfant lui a dit : « Suivez-moi ! » Ils sont entrés par l'arrière de la Maison-Blanche, ont passé des postes de garde, croisé des généraux et des ministres, et sont entrés sans frapper dans le bureau du président des États-Unis, Abraham Lincoln. Il a demandé : « Todd, qu'y a-t-il ? » Le petit garçon a dit : « Papa, ce soldat a besoin de te parler. » Il a obtenu un accès au père par le fils. De même pour nous : par le Fils, nous avons accès au Père. Cela valait bien qu'il prenne une sainte colère !

125. Il a tout pris sur lui

Deuxième fait réel. Nous sommes en 1930. Un enfant de 7 ans est surpris en flagrant délit de vol dans une épicerie. L'épicier vient s'en plaindre à ses parents, alors que l'enfant est monté dans sa chambre sans rien dire à ses parents. Évidemment, il n'est pas bien tranquille. À l'heure du dîner, quand maman appelle, il descend quand même. Ils sont cinq frères et sœurs. Avec le papa et la maman, cela fait sept personnes. Or, il ne compte que six assiettes sur la table. Il comprend quelle va être la sanction : parce qu'il a volé, il sera privé de repas. Alors, il attend à l'entrée de la cuisine. Mais sa maman lui dit de s'asseoir. Il ne comprendra qu'un peu plus tard. Son papa a eu tellement honte que son fils ait volé qu'il considère que c'est de sa faute : il pense l'avoir mal élevé. Alors il prend sur lui la sanction. Il se prive lui-même de repas du soir. Le geste de ce papa nous permet de comprendre un peu la Passion de Jésus. Plutôt que ses enfants subissent les conséquences de leurs péchés, il les a pris sur lui. Il a subi tout ce que nous aurions dû subir pour rejoindre le Père. Il a pris sur lui autant les péchés d'Hitler, de Staline, de Polpot que mes péchés que je considère comme petits. En tout cas, l'enfant qui avait volé la pomme est devenu prêtre. C'est lui-même qui a raconté l'anecdote.

Jésus est notre Paix, il est en personne l'accès au Dieu absolument inaccessible sans lui. Il est notre Justice. Il est le « Germe juste » (Jr 23, 5) qui vient féconder nos cœurs. Il est Celui grâce à qui nous pourrons habiter la Maison du Seigneur pour l'éternité.

VI. L'Église (ou l'exil) à Babylone

126. Plus de tenue

L'Église qui est en Europe ne vit-elle pas ce qui s'est passé durant la déportation de tout le peuple juif à Babylone ? Beaucoup d'églises sont fermées à cause des dégradations et même des profanations. Des « sauvageons » y entrent pour taguer, casser, voler, profaner le Saint-Sacrement, les hosties consacrées. Dieu merci, en beaucoup de villages, l'église peut rester ouverte toute la journée. Mais nous subissons d'autres choses. Par exemple, maintenant, tous les prêtres appréhendent de célébrer des mariages. À cause des tenues tout d'abord. Un prêtre avait dit un jour : « Mesdemoiselles et mesdames, ce n'est pas parce que la plupart des mariages se terminent par un naufrage qu'il faut venir en maillot de bain » ! À cause de la tenue tout court (!) On passe devant le tabernacle comme on passe devant son frigidaire. On entre à l'église comme en pays conquis. Pas de signe de croix, pas de génuflexion, pas de prière en entrant. C'est presque la même chose pour les baptêmes. D'abord, on attend que l'enfant marche. Du coup, on ne s'occupe pas de ce que peut dire ou faire le Seigneur mais tout le monde ne fait que regarder le petit qui va et vient à sa guise. Et malheur au prêtre qui ferait une remarque sur les bavardages, les déplacements intempestifs ou les photos. Or ces « sauvageons » sont souvent des baptisés, « étrangers sur leur terre ». Côté évangélisation, avec les violences des islamistes, on a vite fait de vous dire que les religions ne font que générer de la violence. René Girard disait que « jamais autant qu'aujourd'hui, l'Église n'a fait office de bouc émissaire. En effet, pris entre le marteau de l'islam et l'enclume de la sécularisation, le christianisme semble en mauvaise posture. Mais, ajoute ce penseur du religieux, ce que l'Église avait peut-être perdu par ses compromissions avec le monde, ses ennemis le lui rendent en l'obligeant à jouer le même rôle que le Christ. C'est sa vocation qui s'affirme et qui va secouer l'indolence et la décadence de l'époque qui s'achève. »

127. À quelques millimètres du mystère

Le Seigneur a plus d'un tour dans son sac. Il est « riche en miséricorde », écrit saint Paul (Ep 2, 4). Un enfant avait dit : « La miséricorde, c'est une corde lancée à notre misère. » La miséricorde, c'est l'amour du Seigneur qui répare. C'est l'amour du Seigneur capable de raccommoder, de guérir, de reconstruire. Qui est ce Cyrus qui permet au peuple de revenir de Babylone à Jérusalem ? Historiquement, c'est un roi perse. Comme en URSS, où Mikhaïl Gorbatchev a redonné l'autorisation de pratiquer la religion. Faut-il alors attendre un homme providentiel ? Nous l'avons déjà. Il attend simplement que nous lui ouvrions les portes. C'est Jésus.

Un moine raconte que lorsqu'il était étudiant, il aimait partir en vacances seul en Écosse dans les Highlands. Ce lieu, très peu habité, est, paraît-il, sublime. Son sac à dos était lourd mais il sautillait de joie devant cette nature si belle, les falaises, la mer. De loin, il voit une voiture arrêtée sur le bord d'un petit chemin. Il se dit que le conducteur doit être lui aussi un admirateur de ce beau paysage. Quand il est assez près pour regarder à travers le pare-brise arrière, grande est sa déception… Le conducteur est en train de lire le journal… un journal aussi haut et aussi long que le pare-brise. Le moine avoue qu'il aurait aimé avoir une paire de ciseaux pour découper une ouverture dans le journal. Alors qu'il était à un millimètre de la joie, du message de tendresse du Seigneur, cet homme se nourrissait de scandales, de faits divers plus ou moins sordides, de résultats sportifs ou d'horoscopes ! Quel dommage !

128. Deux passages signalés de l'agneau de Dieu

Le monde fait ce qu'il veut mais si nous sommes dans le monde, nous ne sommes pas du monde. Nous avons à laisser un peu le journal pour regarder vers Jésus. Il fait des merveilles. Deux petits exemples souriants.

Un jour je vais à l'hôpital visiter un monsieur de 84 ans. Il est très fatigué mais conscient et angoissé. C'est un chrétien solide et simple. Je célèbre pour lui trois sacrements : l'onction des malades, l'absolution et la communion. Je lui dis : « Maintenant, vous êtes sûr que le Seigneur est bien avec vous dans cette chambre. Ces trois sacrements vont vous aider. Vous sentez-vous mieux maintenant ? » Il était à bout de souffle. Il a simplement répondu en joignant un geste très évocateur à sa parole : « Ça m'évitera de broger. » « Broger » est un mot du lexique franco-vellave qui signifie « ruminer, ressasser, broyer du noir ». Il venait de tout confier au Seigneur. Il pouvait attendre le « rendez-vous de tous les vivants » dans la paix. Il est arrivé quatre jours plus tard.

Un mot d'enfant. Sa maman l'a surpris en train de dire sans aucune malice : « Agneau de Dieu qui enlèves le péché du monde, donne-nous la... patte. » Quelle présence d'esprit et quel réalisme ! Cette génération qui s'est fermée à l'Évangile sera sauvée par Jésus « doux et humble de cœur » (Mt 11, 29). C'est par la douceur et l'humilité que nous transmettrons — si Dieu veut — la miséricorde à ceux qui ont des attitudes de « sauvageons », mais qui tous peuvent devenir des enfants de Dieu.

VII. Marie l'Immaculée, refuge des pécheurs

129. Marie-Aimer

De jeunes parents doivent déménager en cours d'année pour raisons professionnelles. Du coup, leur petit Bruno qui a trois ans et demi doit changer d'école maternelle. Ils trouvent une école publique non loin de leur nouvel appartement. Ce matin-là, ils l'emmènent visiter sa nouvelle école. Ils veulent lui faire découvrir les lieux et rencontrer les adultes qui y travaillent. Quand Bruno se rend compte que sa future maîtresse s'appelle Marie, il lui dit : « Tu ne serais pas par hasard la maman de Jésus, toi ? » La candeur du petit Bruno rappelait au passage à cette dame qu'elle ne portait pas un prénom anodin. On dit en effet que c'est en effeuillant le verbe « aimer » que le Seigneur eut l'idée de choisir Marie... !

« La Sainte Vierge, elle, a bien de la chance d'avoir été préservée du péché originel. Tout était bien plus facile pour elle ! » Le péché originel, rappelait André Frossard, on s'en rend compte tous les matins quand on se regarde dans la glace. Un autre disait avec dérision : « Le péché originel, on ne sait pas vraiment s'il a existé, mais on en voit les conséquences. » Comment se fait-il que la Vierge Marie soit tout à la fois immaculée et libre, exceptionnelle et pourtant modèle ?

130. À la lumière des textes de la fête du 8 décembre

Pour scruter le mystère de l'immaculée conception de la Vierge Marie, de nombreux éléments de réflexion se trouvent dans les textes de la fête du 8 décembre. Dans l'Évangile, tout d'abord, l'ange salue la Vierge Marie en la qualifiant de « comblée de grâce » (Lc 1, 28). Chez la Vierge Marie, la grâce de Dieu s'est déployée en son maximum. Saint Bernard pose la question : « Pourquoi la Vierge Marie est-elle pleine de grâces ? » Parce qu'elle est humble, répond-il : elle s'est toujours présentée à Dieu comme un vase vide. Dieu a pu la remplir alors que nous nous présentons à Dieu pleins de nous-mêmes, encombrés d'un fatras de satisfactions, d'autosuffisance, de fermetures, d'indifférence, de résignation, etc. Aussi le Seigneur pourrait-il nous dire : « Tu me demandes cette grâce et puis cette autre grâce mais où veux-tu que je les mette ? »...

En ce qui concerne la deuxième lecture (Ep 1, 3-10), si nous remplaçons le « nous » par « elle », nous comprenons très exactement le sens de la fête de l'Immaculée-Conception. Le Père l'a comblée de sa bénédiction spirituelle... Il l'a choisie avant la Création du monde pour qu'elle soit, dans l'amour, sainte et irréprochable sous son regard... ! Mais justement, il est question de nous : « Nous avons été choisis avant la création du monde pour que nous soyons saints »...

Quant à la première lecture (Gn 3, 1-15), le passage de la Genèse, juste après le péché originel, a été sélectionné pour ce qu'on appelle le « protévangile ». Cette prophétie annonce que dans la descendance d'Ève, quelqu'un écrasera la tête du serpent. La Vierge Marie est souvent représentée ainsi. Pensons à la statue monumentale de Notre-Dame de France au Puy-en-Velay. Elle est victorieuse du mal en raison de la Passion de Jésus.

Le père André Daigneault expose merveilleusement cette réalité en nous faisant imaginer ce qui s'est passé le Vendredi saint. Au pied de la croix, Marie Madeleine, en voyant couler le sang de Jésus, dit : « Voici le Précieux Sang qui m'a sauvée du péché. » Juste à côté, la Vierge Marie, en voyant le sang de son fils couler de ses poignets, de ses pieds et de sa tête égratignée par les épines, dit : « Voici le Précieux Sang qui m'a préservée du péché. » Ce rapprochement nous parle beaucoup. Marie est immaculée grâce à la Passion de son Fils.

On parle généralement de privilège de l'immaculée conception. Mais ce n'est pas au sens jaloux du terme : « Ah ! si j'avais été immaculée, moi, qu'est-ce que je n'aurais pas fait ! » C'est au sens de charisme. L'immaculée conception, c'est le charisme unique donné à la Vierge Marie pour le corps tout entier de l'Église, pour moi qui pourrais ainsi devenir plus facilement saint.

131. Tant de Notre-Dame !

Pourquoi n'y a-t-il qu'un Jésus et pourquoi y a-t-il des milliers d'appellations de la Vierge Marie : Notre-Dame de Lourdes, Notre-Dame de Fatima, Notre-Dame des foyers, Notre-Dame qui dénoue les nœuds, Notre-Dame de la délivrance, Notre-Dame des sans-abris, Notre-Dame de la Garde, etc. ? Quelqu'un disait avec beaucoup de tendresse : « Ne trouvez-vous pas qu'elle est un peu contrariante ? En apparaissant à Lourdes dans une grotte, elle demande qu'on lui bâtisse une église ; en se manifestant à L'Île-Bouchard dans une église, elle demande qu'on lui construise une grotte... » Marie porte beaucoup de noms parce qu'il y a un seul don de la grâce mais une infinité de façons d'y répondre. Par ailleurs, la Vierge Marie est sur tous les fronts pour combattre le mal présent partout et sous toutes les formes. Elle va nous aider à gagner les combats de la pureté et de la droiture, de la Vérité et de l'Amour.

132. Saint Thomas d'Aquin s'amuse

Il est arrivé au très sérieux saint Thomas d'Aquin de s'amuser parfois. Par exemple, il n'est pas dupe : quand il pose la question de savoir à quel moment de la journée le Christ reviendra, il répond candidement « à l'aurore » parce qu'il est impensable que le soleil et la lune n'assistent pas ensemble à cet immense événement de la parousie du Seigneur. Sans doute s'amuse-t-il aussi lorsqu'il pose la question de savoir pourquoi le Fils de Dieu est né d'une Vierge. Il répond que Jésus est né ainsi parce qu'il ne restait plus à Dieu qu'à réaliser ce cas de figure. En effet, Adam était né de Dieu seulement (Dieu l'avait façonné à partir de l'argile et lui avait insufflé son haleine de vie). Ève, elle, était née d'un homme et de Dieu. Tous les hommes naissent de Dieu, d'un homme et d'une femme. Il ne restait plus qu'une seule solution qui convenait parfaitement à la dignité du Fils de Dieu : qu'il naisse d'une femme et de Dieu.

Un ami prêtre qui a aujourd'hui près de 90 ans disait volontiers aux enfants du catéchisme qu'il pourrait difficilement leur parler de la Vierge Marie. En effet, leur expliquait-il, il y a entre la Mère de Dieu et nous une différence semblable à celle qui sépare une Formule 1 d'une 2 CV. La comparaison de ce père curé dit bien la vocation exceptionnelle de Marie de Nazareth. Mais il faut tout de même croire qu'elle l'a accueillie avec tellement d'humilité qu'elle est aussi un modèle imitable. On dit d'une personne qui accomplit des performances ou qui atteint des sommets d'abnégation qu'elle est plus admirable qu'imitable. La Vierge Marie, elle, est admirable et imitable parce qu'elle a reçu la mission d'enfanter chacun à la vie divine.

VIII. Sainte Barbe et sainte Cécile, les pompiers et les musiciens

En quoi nos saints patrons nous aident-ils ?

133. Sainte Barbe, sainte patronne de tous ceux qui approchent le feu

Chaque année, en paroisse, c'est vraiment une joie de fêter sainte Barbe avec les pompiers et sainte Cécile avec les musiciens. Sainte Barbe, martyre du IIIe siècle, n'a jamais tenu une lance à incendie, n'est jamais montée sur une échelle de pompier. On l'a chargée de veiller sur les artificiers, les artilleurs, les mineurs, les fondeurs et les pompiers simplement à cause d'un détail de sa vie. Son père refusait absolument sa foi chrétienne. Pour l'empêcher de rencontrer les chrétiens, il la fait enfermer dans une tour. Mais elle persiste à prier, à se nourrir de l'Évangile. On la torture. Elle continue de proclamer sa foi et pardonne à son père qui fait partie des bourreaux. Ce pardon remplit son père de fureur. C'est lui qui lui porte le coup de grâce. Mais deux jours après la mort de sa fille, lui-même est terrassé par la foudre. Y avait-il un lien de cause à effet ? En tout cas, c'est à cause de ce coup de foudre (!) que les chrétiens se sont mis à lui demander de l'aide en cas d'orage, puis pour toutes les professions qui approchent le feu de près. Voilà pourquoi elle est la sainte patronne des pompiers. Il faut se rappeler que les saints ne sont pas des dieux. Ils ne sont que des reflets de l'Amour du Seigneur. Ils ne sont que des canaux pour nous transmettre sa grâce. Ils ne sont que des instruments de son action. Le saint patron des pompiers, en fait, c'est le Seigneur. C'est lui qui leur inspire tant de générosité, de dévouement, de disponibilité. Il ne faut pas s'écouter pour se lever en pleine nuit. Il faut aimer beaucoup les personnes pour passer une bonne part de ses loisirs à se former, à former les autres, à acquérir toujours plus de compétences pour sauver le maximum de vies.

Regardons dans le dictionnaire l'origine du mot « pompier ». Il vient de « pompe », évidemment. Mais de quelle pompe ? Les chaussures ? Les pompes funèbres ? Les pompes pour se faire les muscles ? Très probablement les pompes à eau pour éteindre les incendies. Peut-il arriver qu'un pompier « marche à côté de ses pompes » ou qu'un pompier « ait un coup de pompe » ? Je ne pense pas qu'il lui soit utile de se faire des « feuilles de pompe » pour réussir ses épreuves. Ce qui est sûr, c'est qu'il peut « filer à toute pompe ». Je ne sais pas bien non plus pourquoi on parle d'un « style pompier » pour dire que c'est un peu trop voyant et légèrement prétentieux. Mais si on parle de « fumer comme un pompier », c'est une allusion aux fumées d'incendie. Nous serons toujours heureux d'honorer leur sainte patronne en grande pompe !

134. Sainte Cécile, sainte patronne des musiciens

Sainte Cécile est aussi une jeune martyre des premiers siècles. C'est un passage de sa biographie — que l'on appelle une « passion » — qui l'a fait choisir comme sainte patronne des musiciens. Elle nous rappelle la force de la louange, la puissance de la musique réputée adoucir les mœurs. « Chanter c'est prier deux fois », selon saint Augustin. « Nos chants n'ajoutent rien à ce qu'est le Seigneur mais ils nous rapprochent de Lui », dit une grande prière de la messe. Voici l'histoire de Mesé Figueredo, telle qu'on la raconte en Colombie. C'était un magicien de la harpe. Dans les plaines de Colombie, il n'y avait pas de fête sans lui. Pour que la fête soit réussie, Mesé Figueredo devait être là, avec ses doigts dansants qui égayaient les airs et affolaient les jambes. Une nuit, sur un sentier perdu, des voleurs l'ont attaqué. Mesé Figueredo revenait d'un mariage, lui sur une mule, la harpe sur une autre, quand des voleurs se sont jetés sur lui et l'ont roué de coups. Le jour suivant, quelqu'un l'a trouvé. Il était allongé sur le chemin, maculé de boue et de sang, plus mort que vif. Avec ce qu'il lui restait de voix, il a dit : « Ils ont emporté les mules. » Il a ajouté : « Ils ont emporté la harpe. » Il a repris son souffle et a ri : « Mais ils n'ont pas emporté la musique. »

Saint Augustin risque une présentation de l'au-delà qui fait réfléchir. Souvent nous nous représentons le Ciel en hauteur puis un grand fossé, et l'enfer très en-dessous. Saint Augustin dit que la vie c'est un peu de temps qui nous est donné pour apprendre à chanter la gloire de Dieu et y trouver notre joie. Dans l'au-delà, nous serons tous ensemble. Tout le monde chantera Alléluia. Mais intérieurement, cela sera peut-être différent. Certains seront dans la joie, la béatitude éternelle. Et d'autres se feront... suer (!) en chantant le même Alléluia. Ils s'em... bêteront toute une éternité.

Puissions-nous vivre chacun sous le patronage de sainte Barbe pour ce qui est de l'amour des autres, et sous le patronage de sainte Cécile pour ce qui est de l'amour de Dieu.

9
Jésus est « puissamment faible »

I. Anna, Timothée, les petits du Royaume

135. Bouddha ou Jésus ?

Un samedi après-midi, je me rends chez un jeune couple pour préparer le baptême de leur petit garçon de trois mois. En arrivant dans le salon, je remarque qu'il n'y a pas de crucifix mais sur le buffet... deux statuettes de Boudha. Comment aborder le sujet ? Le jeune papa a fait deux des camps d'été dont j'étais le directeur quand il avait 8 et 9 ans. Je me souviens très bien de lui. Lui-même en garde un souvenir merveilleux. Ils ont eu la délicatesse de préparer l'album de photos. Je me replonge avec joie dans l'ambiance d'amitié, de veillées, de jeux et de prière de ces formidables semaines dans les années 1990. Puis je propose à la maman de lire le mot qu'elle a préparé pour la demande de baptême à l'entrée de la célébration. Petite colère intérieure : il n'est jamais question de Jésus, ni de l'Église, ni de l'Évangile, ni de la foi, mais de « réussite », de « bonne santé », de « protection ». Je leur dis alors : « Je ne voudrais pas vous tromper sur la marchandise : je ne fais pas dans les assurances. Je ne voudrais pas qu'après vous portiez réclamation en disant : "Père Pierre, cela ne marche pas, votre bénédiction." Regardez Bouddha ; il est tout centré sur lui-même ; il est à la recherche de la sérénité en faisant abstraction de son environnement ; il s'isole pour s'extraire des souffrances. Regardez Jésus : c'est tout le contraire : il a les deux bras étendus. Il prend à bras-le-corps la condition humaine pour nous emporter tous dans les bras du Père. Vous savez, le christianisme, ce n'est pas difficile : le chrétien veut suivre Jésus. Or, Jésus lui demande des choses impossibles : pardonner à ceux qui lui font du mal, aimer ses ennemis, aimer aujourd'hui et demain et après-demain, humblement mais pour toujours, se méfier de l'argent qui veut être notre dieu, porter sa croix, etc. Le chrétien sait qu'il ne peut pas faire cela sans Jésus, alors il demande à Jésus de venir en lui. Jésus vient en nous si nous le lui demandons : par le baptême. De même que je peux boire de l'eau, Jésus peut venir en moi, non pas comme un vaccin ou un antibiotique définitif mais comme celui qui va m'élever au-dessus de moi-même pour me rendre inventif contre le mal et ingénieux pour le bien. »

136. Jésus est à l'œuvre parmi les petits et ceux qui leur ressemblent. Témoignages

On m'a raconté ce beau témoignage : un salarié découvre qu'il est atteint d'un cancer du foie. Il est mis en arrêt maladie. Aussi son entreprise a-t-elle décidé de libérer chaque mercredi deux de ses collègues pour le soutenir. Ils partent à midi de l'entreprise ; ils l'emmènent au restaurant et passent l'après-midi avec lui… Et ils sont payés par l'entreprise !

Le père Roger R. a un vrai charisme de présence auprès des pauvres. Il est aussi aumônier des « gens du voyage ». Un jour, on lui apprend qu'une famille vient de perdre un bébé d'un mois. Les bruits courent que celui-ci a été étouffé ; en fait, il s'agit de la mort subite du nourrisson. Le père Roger écoute longuement les parents avant que ne leur vienne l'idée : « Si vous êtes là, alors, nous pourrions faire quelque chose à l'église ? » Le jour dit, il a préparé le cierge pascal et un petit cierge de baptême. Il a aussi préparé des lumignons. Il pensait que trois ou quatre suffiraient mais il n'a pas eu assez des soixante qu'il avait apportés. Tous voulaient faire le chemin de lumière. Au cimetière la maman avait apporté une petite couverture pour envelopper le cercueil ; elle avait peur que son enfant n'ait froid.

Une maman de trois enfants qui ont déjà entre 21 et 28 ans raconte que son plus jeune fils a perdu son meilleur copain dans un grave accident de voiture. La bande a abandonné toute pratique religieuse. Mais ils se réunissent chez elle et demandent à la maman ce qu'ils peuvent faire pour la célébration à l'église de Sanssac-l'Église qui rassemblera plus de deux cents jeunes. Depuis, ils signalent régulièrement qu'ils sont allés faire une visite à leur copain au cimetière. Cette maman leur a permis d'entrevoir l'espérance chrétienne.

Quand M. François Michelin est mort le 29 avril 2015, on a dit comment ce chrétien dirigeait son immense entreprise. Un jour où il avait accepté de parler de sa façon de « manager », il a raconté une anecdote familiale en forme de parabole. Un ingénieur alla voir son grand-père, Édouard Michelin, pour lui dire qu'il fallait que l'entreprise se lance dans la fabrication de l'ébonite, isolant électrique très onéreux à l'époque. Édouard lui demanda trois jours de réflexion. Puis il l'appela et lui dit : « Vous vous proposez de transformer la matière première qui est le caoutchouc et de la porter à très haute température en transformant sa structure moléculaire ? C'est contraire à l'être profond de ce matériau ! » Pour cette raison, Michelin ne se lança pas dans la fabrication de l'ébonite : respect de la matière. Quelques années après, arriva sur le marché la bakélite, qui coûtait dix fois moins cher à produire… L'entreprise aurait perdu beaucoup d'argent si elle s'était lancée dans cette aventure. François Michelin ajouta que pour les hommes il en allait de même : il fallait respecter leur être profond et faire en sorte qu'ils puissent développer toutes leurs potentialités pour qu'ils deviennent ce qu'ils étaient en puissance. « Il faut laisser les choses naître », ajouta-t-il.

II. Je fais ma part

Comment se fait-il que Jésus ait choisi cette voie pour nous sauver ?

Dans l'Évangile on est parfois surpris par les consignes que Jésus donne à ses disciples en les envoyant en mission : « N'allez pas vers les païens, ne passez pas en Samarie ; allez plutôt vers les brebis perdues d'Israël » (Mt 10, 5). Lui-même semble dire à la femme syro-phénicienne (libanaise) qu'il n'a été envoyé qu'aux brebis perdues d'Israël. Mais cela montre que Jésus avait aussi l'esprit très pratique.

137. Dieu le Fils aurait pu choisir une autre façon de nous sauver

Mgr Rodhain, le fondateur du Secours Catholique, dans un de ses éditoriaux fameux qui ont été regroupés sous le titre amusant *Charité à géométrie variable*, posait avec humour la question :

> *Vous me dites ce que Jésus a fait, mais veuillez un instant, pour une fois, dresser le bilan de ce que le Christ n'a pas fait. En trois ans de Galilée, Il a guéri trois paralytiques. Admettons que les Évangélistes n'aient pas donné le détail complet, et supposons-en douze guéris. Mais dans cette époque sans hospice, Il a trébuché dans les ruelles de Jérusalem sur des centaines de grabats. Sur les routes de Samarie, le Christ a croisé des milliers de paralytiques. Il aurait pu aussi, d'un mot, les guérir un par un. Il ne l'a pas fait.*
>
> *Notre Seigneur a mélangé de la boue avec de la salive pour guérir l'aveugle-né. Il aurait pu employer de la pénicilline, en dévoiler la formule. Avec ce médicament révélé, quel gain pour des millions de malades qui, sans lui, ont dû souffrir jusqu'au XXe siècle ! Quel adoucissement pour l'humanité souffrante ! Une phrase suffisait. Ce geste, Il aurait pu le faire. Il ne l'a pas fait.*
>
> *Le Christ aurait pu écrire un livre. Quel écrivain unique Il aurait été ! Quel texte précieux pour l'humanité ! De sa propre main, le Verbe aurait pu écrire au moins une page, une phrase. Quelle incomparable relique ! On viendrait visiter, du monde entier, la vitrine où serait exposé le parchemin avec l'écriture même du Seigneur Jésus. Il aurait pu écrire un volume indiscutable, un texte indiscuté des exégètes. Il ne l'a pas fait.*
>
> *Il a parlé pendant trois ans. Pourquoi pas six ou neuf ans ? Au lieu d'envoyer Pierre et Paul à Rome, pour un séjour dont nous savons si peu, Il aurait pu faire le voyage Lui-même, entrer au Palatin, dialoguer avec César, implanter Lui-même son Église au cœur même de cet Empire romain. Cela gagnait des siècles à l'Église et cela lui gagnait à Lui-même des âmes par millions. Il aurait pu le faire. Il ne l'a pas fait*[1].

Et Mgr Jean Rodhain disait : « Ne cédons pas au découragement dès que nous faisons le bilan, le maigre bilan de nos réalisations. Devant les gigantesques statistiques de la famine, du froid, de la misère publique ou secrète,

1. Jean RODHAIN, *Charité à géométrie variable*, Paris, Éd. S.O.S/Desclée de Brower, 1969, p.125-128.

de l'esclavage nommé ou déguisé, que l'aveu de nos bilans personnels conduise à se donner plus, mais qu'il ne paralyse point. »

Un conte brésilien nous apprend qu'il était une fois un oiseau-mouche qui fuyait un incendie avec tous les autres animaux d'une forêt. Mais l'oiseau-mouche faisait quelque chose de différent : il prenait des gouttes d'eau dans un lac et les jetait sur le feu. Un tatou, étonné, lui demanda : « Mais, oiseau-mouche, tu penses que tu vas éteindre l'incendie avec ces gouttes ? » « Bien sûr que non, tatou, mais je fais ma part. »

III. Incognito

Où Dieu aime-t-il particulièrement se cacher ?

138. Le prince et le sage paysan

On raconte qu'un prince entendait parler depuis longtemps d'un de ses sujets, un paysan pieux dont on disait qu'il était le plus sage des hommes. Un jour qu'il visitait son royaume, le prince voulut le coincer en lui posant une question piège : « Combien de mètres d'étoffe faudrait-il pour habiller Dieu dont on dit qu'il remplit la terre et les cieux ? » Le brave paysan réfléchit un instant, puis dit calmement : « Je pense que quatre ou cinq mètres de tissu suffiraient largement. » Le prince, étonné, lui demande pourquoi. « Eh bien, lui répond le brave homme, Jésus a dit : "Ce que vous faites aux plus petits d'entre les miens, c'est à moi que vous le faites" et quatre mètres d'étoffe suffiraient largement pour faire un manteau au pauvre malheureux que je suis. »

139. Si l'on savait !

Au Ciel, nous aurons des surprises ! On raconte qu'à la fin du XIXe siècle, dans une paroisse de Nice, un soir, un curé qui semble plutôt pauvre et qui ne parle pas très bien français — on comprend qu'il est italien — frappe à la porte d'un presbytère ; il demande l'hospitalité pour la nuit. La bonne de M. le curé le reçoit et, mi-méfiante mi-charitable, le conduit jusqu'au grenier. La pièce n'est pas isolée, on voit les tuiles et les linteaux qui les retiennent. C'est propre, mais peu confortable. Il y a une paillasse, pas de lavabo évidemment,

AH MAIS MOI, DIEU, JE NE L'AI JAMAIS VU !
COMMENT ?!! VOUS N'AVEZ JAMAIS VU UN PAUVRE ?!

mais un broc d'eau et une cuvette. Quelques années après, le curé de cette paroisse reconnaîtra Don Bosco, saint Jean Bosco, un très grand saint. C'était lui qui avait couché au grenier ! Lui et sa bonne diront : « Ah ! mais si on avait su, on lui aurait donné la chambre de l'évêque » !...

Un jour, Mère Teresa était interviewée par un journaliste. Un peu agacé par la foi de cette grande sainte, le journaliste lui dit : « Ah, mais moi, Dieu, je ne l'ai jamais vu ! » Mère Teresa lui répond avec beaucoup de délicatesse : « Comment ? Vous n'avez jamais vu un pauvre ? ! »

140. Profanation dans le diocèse de Dom Helder Camara

Dom Helder Camara nous avait raconté ce fait dans son homélie à Lourdes lors du congrès eucharistique de 1983. Des personnes de son diocèse viennent lui dire que des voleurs ont fracassé la porte d'un tabernacle et ont emporté le ciboire doré plein d'hosties. On a retrouvé les hosties consacrées jetées dans la boue, non loin de l'église. L'archevêque de São Paulo a alors proposé de célébrer une messe de « réparation ». Au cours de la messe, dans son homélie, il a dit :

> *J'ai été très touché devant la peine immense de ceux qui sont venus m'apprendre le vol et les hosties — le corps du Christ — répandues dans la boue. Je bénis le Seigneur pour votre foi en la Présence réelle dans l'eucharistie. Toutefois, mes frères, il faut aussi nous rappeler que le Christ est tous les jours dans la boue dans nos favelas insalubres. « Ce que vous avez fait aux plus petits d'entre les miens c'est à moi que vous l'avez fait. » Il nous faut être imaginatifs pour chercher ensemble comment nous pouvons réparer cet autre sacrilège que représente la misère de nos frères et sœurs si pauvres qu'ils vivent dans la boue sous leurs bâches, leurs tôles, leurs cloisons faites en boîtes de sardines.*

141. Jésus nous fait faire

La plupart des gens imaginent Dieu comme une espèce de Zorro, un grand justicier qui vole au secours du faible et du pauvre. Une espèce de dépanneur, de sauveteur. Il l'est mais pas tout à fait comme nous l'imaginons. Il nous sauve en se faisant mendiant, pauvre, pour réveiller en nous notre capacité d'aimer. Un papa peut comprendre cela... Quand arrive à la maison un petit bout de chou, fini pour lui d'ouvrir une porte à la volée : il peut y avoir un petit homme accroupi de l'autre côté. Il regarde moins souvent le ciel : il lui faut sans cesse regarder à ses pieds pour ne pas marcher sur une main qui joue. Fini de fermer les tiroirs à coups de genou : les petites mains se glissent partout. Fini pour lui de dormir sur ses deux oreilles : il sera inquiet du moindre soupir. Fini de poser sa tasse de café brûlant au bord des tables. Fini d'avoir pour sa collection de bibelots une affection jalouse. Fini de manger des carambars sans penser à certaines petites bouches qui, elles aussi, aiment les carambars. Sans parler des trésors d'ingéniosité qu'il va déployer pour être un vrai papa. Dieu n'est pas seulement l'Amour que nous aimons, Il est l'Amour qui est au fond de nos cœurs et qui n'attend que d'être sollicité, réveillé. Jésus dans une parabole dit qu'à la fin des temps il séparera les brebis des chèvres (cf. Mt 25, 33). En l'accueillant dès maintenant, nous nous éloignerons de plus en plus du modèle « chèvre de M. Seguin » qui ne pense qu'à elle-même, et nous entrerons dans la grâce d'être « brebis » qui trouve sa joie à être à l'écoute de la voix de son bon Berger !

IV Enfandises

Entendons-nous les leçons de nos « professeurs », les enfants ?

On le sait, les enfants sont des « éponges » ; on dit aussi qu'ils sont des buvards, même si ce mot est de moins en moins employé vu que l'on n'écrit plus avec la plume Sergent-Major trempée dans l'encrier. Les enfants absorbent tout ce qu'on leur dit, tout ce qu'on leur enseigne. Ils s'imprègnent facilement de tout ce qu'ils voient, de tout ce qu'ils entendent, de tout ce qu'ils sentent. Du coup, si on les trempe dans de l'eau bénite, ils seront imbibés d'eau bénite. Mais si on les trempe dans des produits nocifs, ils risquent d'en être détériorés. Puissent les adultes avoir conscience de cette caractéristique des enfants qui fait à la fois leur vulnérabilité et leur chance. Un enfant qui trempe dans une atmosphère de tendresse, de communication pacifiée et vraie, de confiance mutuelle, de bienveillance, de droiture, de simple politesse grandira plus facilement dans la liberté intérieure. Si en plus de cela, on fait droit à leur désir de spirituel, ces enfants deviendront nos professeurs, souvent souriants. Voici quelques « enfandises », ces mots d'enfants qu'on déguste avec gourmandise.

142. Pour l'humilité de la maîtresse

Les enfants sont inventifs, souvent malgré eux. Une institutrice avait emmené sa classe de CE1 en promenade. Il faisait beau, peut-être trop beau. Le soleil brillait fort. La promenade s'avérait plus pénible et plus longue que prévu. Les enfants manifestaient des signes d'agacement. La maîtresse leur dit : « Nous sommes tous très fatigués mais je vous rassure : le retour sera plus facile que l'aller. Je connais un raccourci qui nous évitera tous ces dénivelés. Nous serons très vite de nouveau à l'école. » Effectivement, le chemin du retour est moins escarpé, moins long et plus ombragé. Pour les enfants, c'est génial. Arrivé devant l'école, un petit garçon dit son soulagement et son admiration : « Maîtresse, vous êtes une génisse »... À l'heure où il faut féminiser toutes les appellations — doctoresse, factrice, chauffeuse —, l'enfant avait ajouté spontanément « sse »... Cela aurait pu paraître un peu... vache. Mais madame la professeure des écoles a su déceler derrière l'erreur inattendue le magnifique compliment.

143. Ce que produit la confiance dans le Ciel

Une petite fille allait à pied à l'école. Ce matin-là, le temps était menaçant, de noirs nuages se formaient. Elle partit à pied malgré tout. Durant l'après-midi, des vents s'élevèrent, des éclairs apparurent, un orage éclata. La maman de la petite craignait qu'en revenant à la maison, sa fillette ne prenne peur à cause des éclairs. Inquiète, la maman s'empressa de prendre la route, en voiture, vers l'école. En route, elle vit apparaître sa petite. Quelques éclairs se succédèrent rapidement et, chaque fois, l'enfant s'arrêtait, regardait en haut vers l'éclair et souriait. Sa mère parvint à ses côtés, baissa la vitre de sa voiture et lui demanda : « Mais que fais-tu ? » L'enfant de répondre : « J'essaie d'être belle, car le bon Dieu n'arrête pas de me prendre en photo ! »

144. Un caprice de Dieu

Toute la famille M. se promène dans le beau village de Meyras en Ardèche. Il fait beau. On découvre les magnifiques fresques représentant des scènes d'autrefois peintes sur les murs qui bordent les ruelles. Le parcours emmène les parents et leurs quatre enfants ainsi que les grands-parents maternels devant l'église du village. On essaie de pousser la porte. Elle résiste. On essaie plus fort, pensant que la vieille serrure ayant plus d'un tour dans son sac ne cède pas à n'importe quel visiteur. Mais il faut se rendre à l'évidence : la porte est fermée à clef. Le petit dernier n'a que 3 ans. Il parle à peine. Son vocabulaire est très réduit et ses phrases sont rares. Mais sa maman l'emmène à la messe régulièrement, non seulement le dimanche mais au moins deux fois dans la semaine. Il se met alors à sautiller nerveusement tout en poussant la porte. Il faut dire que Timothée n'a pas encore un équilibre très stable. Il dit par deux fois sur un ton sans appel : « Jésus, ouvre ! » Sa maman et sa grand-mère, très touchées par cette sommation, partent d'un grand rire. Mais Timothée, lui, ne rit pas. Et il faut user de ruse pour que toute la famille s'en aille et mette ainsi fin à la sainte colère de leur petit prophète. C'était un… caprice de Dieu !

145. Adoration eucharistique à Paray-le-Monial

Au rassemblement régional de Foi et Lumière, après la messe, Véronique, maman de huit enfants dont six adoptés, me rappelle que je dois parler un moment avec les deux petites filles qui feront leur première communion le lendemain : Bertille, qui n'a pas pu la faire en paroisse, et leur petite Anna, une petite fille porteuse de trisomie 21, qu'ils ont adoptée il y a huit ans. Tous les trois, nous nous mettons à l'écart dans le parc des Chapelains et à partir du geste pour bien communier, je fais une petite catéchèse. Nos mains doivent être comme un fauteuil pour le Seigneur, le Roi des rois. Nous ne disons pas « Merci » mais « Amen » parce qu'il ne s'agit pas de politesse mais d'un acte de foi. Ensuite, je leur propose d'aller dans la basilique voir une curiosité. Je veux leur montrer le vitrail où l'on voit la communion eucharistique de la Vierge Marie. Elle est alitée, les apôtres l'entourent. Saint Pierre lui donne la communion. Première surprise : le vitrail se trouve dans la nef latérale, juste au-dessus du tabernacle et au moment où nous arrivons, le Saint-Sacrement est exposé très sobrement, mais magnifiquement avec de belles bougies. Je prends le temps de leur montrer le vitrail puis je leur propose de prendre un petit temps de prière personnelle en silence. À ce moment-là, Anna, qui est gauchère, tend la main gauche et s'avance tranquillement mais d'un pas assuré jusqu'au pied du tabernacle en disant : « Jésus », « Mon cœur », « Je t'aime »… Elle fait plusieurs inclinations puis gravit les deux marches, en continuant de prier avec des paroles que l'on ne comprend pas depuis notre place. Je fais signe à Bertille d'aller la chercher. Mais Anna refuse gentiment. Visiblement, elle veut encore prier. Au bout de trois minutes, je vais moi-même la chercher délicatement. Elle dit : « Au revoir, Jésus » et se retourne docilement. À ce moment-là, je me rends compte qu'une quinzaine de visiteurs de la basilique se sont arrêtés pour contempler le temps d'adoration de la petite Anna.

10
Jésus se donne en nourriture

I. Eucharistie : mémorial et sacrement

146. Un témoignage fort

Jean-Christophe Parisot est atteint de la grave maladie de la myopathie, c'est-à-dire qu'il se paralyse de plus en plus. Il a eu depuis plusieurs années déjà une trachéotomie pour pouvoir respirer. Pourtant il est non seulement marié et père de quatre enfants mais aussi diacre et préfet. Il raconte qu'un jour, à Lourdes, il était assis durant la messe à côté d'une femme dont la langue était sortie. C'était très impressionnant de voir ce visage, d'où sortaient tube et tuyaux. Elle poussait des petits cris, et Jean-Christophe se disait : « Pourquoi, Seigneur, permets-tu cela ? » Les gens détournaient le regard. Au moment de la communion, il voit surgir une religieuse, une seringue à la main. Elle saupoudre de la poussière d'hostie dedans. Et c'est ainsi que la femme handicapée peut communier paisiblement. M. le préfet dans son fauteuil de grand handicapé se dit alors : « C'est donc cela, partager le repas de l'Amour vrai ! » Jésus vient visiter chacun grâce à la tendresse et l'imagination de nos communautés. Il comprenait grâce à cette femme qui était le Dieu Très-Bas.

Est-ce qu'on n'aurait pas pu dire : « Elle ne peut pas recevoir l'hostie mais l'important c'est l'intention. Tout se passe dans le cœur. C'est symbolique » ?

Pourquoi était-il si important de trouver ce stratagème pour que cette personne communie ?

147. Mémorial de la croix

Quand on se réunit au monument aux morts le 8 mai, nous rappelons la capitulation des nazis et la fin de la guerre de 1939-1945. Quand nous défilons le 19 mars, nous rappelons la fin de la guerre d'Algérie. Quand nous nous réunissons le 11 novembre, nous perpétuons la joie de la signature de l'armistice de la guerre de 1914-1918. Et quand nous nous réunissons pour célébrer l'eucharistie, que célébrons-nous ? Le dernier repas de Jésus le soir du Jeudi saint ? Pas exactement. Nous rendons présents sa croix, le don de son corps et l'effusion de son sang le Vendredi saint. Pour nos frères juifs, toute la liturgie du Temple de Jérusalem mais également toute la pratique de la religion juive en famille (l'étude de la Torah, la célébration de la Pâque chaque année en avril, les pèlerinages) étaient et sont encore aujourd'hui la célébration de la grâce qui a été donnée sur le mont Sinaï : la proclamation solennelle des dix commandements (c'est notre liturgie de la Parole), les taureaux immolés sur l'autel de pierres, le sang répandu sur le peuple avec cette Parole : « Ceci est le sang de l'Alliance. » Pour les chrétiens, ceci n'était qu'une préparation de la croix. Ce qu'est réellement la messe est bien résumé dans les trois phrases de l'anamnèse : « Nous rappelons ta mort. Nous célébrons ta résurrection. Nous attendons ta venue dans la gloire. »

148. Prendre l'ascenseur

On peut s'étonner que tout Dieu soit dans une hostie, que l'on puisse Le recevoir dans un geste aussi banal que celui de manger. Un prêtre avait un jour une conversation très animée avec un ingénieur qui travaillait à l'exploitation d'une mine de charbon. Cet homme, pourtant baptisé mais qui avait pris ses distances avec son éducation catholique, objectait que la religion chrétienne avait des côtés trop faciles : « Vous commettez le mal, vous blessez des personnes et puis vous allez vous confesser et hop, vous êtes pardonnés ! C'est trop facile. Vous faites souffrir les autres et il suffit que vous entriez au confessionnal pour être blanchis, pour tourner la page ! Vous recevez Dieu simplement en mangeant une hostie. C'est trop simple. »

Le prêtre a soudain une idée. Il demande à cet homme dont le métier était d'être ingénieux, de créer des techniques pour améliorer le rendement et la sécurité, combien il met de temps pour descendre au fond de la mine, à plus d'un kilomètre sous terre à la verticale. L'ingénieur répond : « L'ascenseur met très exactement trois minutes. » « Et combien de temps mettez-vous pour remonter ? » « Pareil. » Le prêtre lui pose alors la question : « C'est donc très facile. Mais combien de temps a-t-il fallu pour construire l'ascenseur ? Combien d'énergie, d'argent, d'heures de travail a-t-il fallu pour creuser le puits, étayer les parois, fixer les supports métalliques, installer les câbles électriques, construire la cabine, les rails, les poulies, etc. C'est chaque fois une somme de travail titanesque. Eh bien ! poursuit le prêtre, il en est de même pour le pardon, pour la communion. Pour nous, il est très simple de le recevoir mais du côté de Dieu, cela a représenté un amour extraordinaire. Il a fallu qu'Il parcoure les milliards d'années-lumière desquels sa transcendance le sépare de nous. Dieu le Fils est venu sur la terre. Il a pris sur lui toutes les difficultés de notre vie humaine, ses épreuves et ses tentations. Pour nous obtenir la grâce du pardon, pour renouer l'alliance avec le Père, pour nous réintroduire dans l'amitié divine, il a subi la Passion avec les horreurs de la trahison, de l'abandon, de la lâcheté, des insultes, des moqueries, du mépris, des tortures physiques et morales. »

Recevoir Dieu dans l'eucharistie, c'est aussi simple que de prendre l'ascenseur. Il suffit de le vouloir. C'est aussi surtout prendre conscience de l'immense amour à notre disposition. La grâce de Dieu n'est pas d'abord au bout d'une espèce de parcours du combattant qui serait très méritoire, mais il s'agit de notre cœur qui désarme, qui se « liquéfie » en prenant conscience de l'amour dont nous sommes aimés... Pour que nous puissions dire « Père » à Dieu, il a fallu que Jésus y mette le prix.

Pensons aux heures terribles de l'agonie au jardin des Oliviers. Le Seigneur ne laisse rien au hasard. Jésus a été comme écrasé par le mal, pressé, « pressuré » comme une olive sous le pressoir. Comme l'olive donne tout son suc, sa saveur, ses vertus, l'amour dont Jésus était imprégné a été comme extrait par le pressoir de la Passion. Et il y a assez de saveurs, de vertus, de force, dans cet amour pour chacun des hommes de tous les temps jusqu'à la fin des siècles. À nous maintenant de prendre l'ascenseur et de savourer cet amour.

II. Multiplications ou additions?

149. Dieu récidive

Il semble que le Seigneur aime les multiplications plus que les divisions! On retrouve ce miracle dans de nombreuses vies de saints. Le saint curé d'Ars, par exemple, recueillait à la Maison de la Providence des petites filles orphelines, sans aucune subvention. Il fallait les nourrir. Un jour, Catherine Lassagne vient lui dire: « Monsieur le curé, il ne reste qu'une poignée de farine. » « Eh bien, pétrissez-la pendant que je vais prier. » Au fur et à mesure que Jeanne-Marie, la boulangère, pétrissait, la pâte s'épaississait, elle gonflait dans le pétrin; il fallait qu'elle rajoute de l'eau et de l'eau. Il y a eu du pain pour tout le monde pendant plusieurs jours.

Dans la vie de saint Jean Bosco, on a vu aussi plusieurs fois ce même genre de signe pour nourrir les enfants de ses patronages de plus en plus nombreux. Mais il y avait aussi beaucoup d'humour. Un jour, par exemple, la baronne Orsoni vient lui dire: « Don Bosco, la baronne Mitelli m'a beaucoup parlé de vous; je voudrais tant voir un miracle... Ah! Don Bosco, si j'osais, rien qu'un tout petit miracle... Oh, excusez-moi, je perds la tête... Non, je ne serai pas si exigeante... Si déjà vous consentiez à m'écrire quelques mots, une pensée de votre main, un autographe... Acceptez, Don Bosco, vous me rendrez folle de joie. » Alors Don Bosco se met à son bureau et lui tend le papier sur lequel il a écrit: « Reçu de Mme Orsoni la somme de 4 000 lires pour mes œuvres. signé Don Bosco. » Évidemment, elle s'indigne: « C'est une plaisanterie?! » Il lui explique: « Mon œuvre, madame, dévore de l'argent et comme je n'en possède pas, j'en demande à ceux qui en ont. C'est d'ailleurs un service que je leur rends » « Un service? » « Oui, sur terre, mon œuvre est une espèce d'assurance sociale: donner aux pauvres est la seule façon de vous assurer le Ciel. Et puis, si vous estimez tant ma célébrité et ma sainteté, je crois que 4 000 lires pour l'autographe d'un saint, c'est donné. » Plus tard, la baronne Orsoni, dans les salons de la bonne société italienne, racontait, toute fière: « À défaut de miracle, je lui ai demandé un autographe. Savez-vous ce qu'il a fait? Un reçu de 4 000 lires! J'ai payé, ma chère. » Et les dames connaissant son avarice disaient par-derrière: « Et elle prétend qu'il n'y a pas eu de miracle »!

Le père René Laurentin a mené l'enquête sur un groupe de prière du Mexique et cela a donné un petit livre, *Miracle à El Paso ?*[1] Le groupe de prière avait invité largement les gens d'un bidonville à venir prier avec eux ; ils avaient annoncé aussi qu'ils partageraient un repas dans la foulée. Ils ont été surpris par le nombre faramineux de gens qui se sont déplacés. Ce n'est que le lendemain qu'ils ont pris conscience de ce qui s'était passé. Évidemment, ils n'avaient pas prévu assez de nourriture pour tant de monde ; pourtant ils avaient servi toute la soirée de larges parts à chacun ! Jésus continue de multiplier les pains soit par des miracles, soit par la générosité et l'ingéniosité de ceux qui pensent aux plus pauvres.

150. D'excellents travailleurs devenus adorateurs

Mais il faut aller plus loin. Il est clair que lorsque Jésus multiplie les pains et les poissons, il veut nous parler de la messe, de l'eucharistie. Ce sont les mêmes gestes. « Il prit les pains, il rendit grâce, il les leur distribua » (Jn 6, 11). Chaque jour, sur tous les continents, des foules nombreuses se rassemblent autour de Jésus et de ses disciples. Jésus est le pain qui veut nourrir nos cœurs. Mais aujourd'hui, nous l'avons oublié. Même les moines peuvent se laisser prendre au piège, piège que Jésus a repoussé au moment des tentations dans le désert : « L'homme ne doit pas vivre de pain seulement » (Mt 4, 4 et paral.).

Voici ce qui est arrivé dans un des plus prestigieux monastères de France, Cîteaux. Un vétérinaire converti était entré à l'abbaye, mené par le Saint-Esprit et persuadé qu'il allait trouver à Cîteaux une communauté vraiment contemplative. Il racontait : « Quand j'étais novice, au bout de quelque temps, je me suis dit : Tous ces moines sont merveilleux, ce sont d'excellents travailleurs, des travailleurs de la terre et qui ont une porcherie magnifique — ils gagnent toujours les premiers prix dans les concours de porcs —, mais on n'est pas cistercien pour élever des porcs ! Ce n'est pas l'idéal du moine. » Alors il a dit au Saint-Esprit : « Je croyais entrer dans une communauté contemplative, et voilà que je suis entré dans une communauté de travailleurs ! » Des années se sont écoulées, et peu de temps après sa profession perpétuelle on l'a élu

1. René Laurentin, *Miracle à El Paso ?*, Paris, Desclée de Brouwer, 1981.

abbé. À ce moment-là il est revenu au Saint-Esprit pour l'interroger et le Saint-Esprit lui a dit : « Tu diras à chacun de tes moines en particulier (il faut que tu les voies tous, successivement, seuls), en le regardant bien : "Tu dois adorer sept fois par jour." Ils te répondront : "Mais je suis au chœur sept fois par jour !" "Ce n'est pas suffisant. Là tu obéis à la cloche, mais ce que je te demande c'est d'obéir au Saint-Esprit, de faire un acte qui te soit propre : adorer sept fois par jour. En te levant (tout de suite), le soir aussitôt avant de te mettre au lit, et à midi, et deux fois dans la matinée, et deux fois dans l'après-midi : cela fera sept." » Cet abbé a donc fait cela pour tous ses moines et en six mois, m'a-t-il dit, cette trappe de travailleurs est devenue une trappe d'adorateurs du Père.

Quand on nous dit : « À quoi bon aller à la messe ? L'essentiel c'est bien l'honnêteté, la justice, le partage », on peut répondre simplement que le Seigneur préfère les multiplications aux additions. Il est heureux que nous additionnions nos talents et nos générosités mais il est encore plus heureux quand nous lui permettons de multiplier Ses grâces.

11

Jésus est Dieu sur la croix

I. Pourquoi fallait-il que Jésus meure crucifié ?

Grande question. Jésus nous invite à prendre les enfants comme « professeurs ». Nous allons donc profiter de leurs enseignements.

151. La croix à l'école des enfants. En quatre leçons

Première « leçon ». On l'a vu plus haut : à la catéchiste qui demandait : « Que faut-il faire pour être pardonné ? », un enfant avait dit : « D'abord il faut pécher » ! Jésus est mort sur la croix pour nommer le mal. Le mal, ce ne sont pas d'abord les catastrophes naturelles, ce n'est pas non plus comme une épidémie qui atteindrait un parti politique, un pays, une catégorie d'hommes et dont il suffirait de se protéger par des lois, de bonnes frontières, des stratégies politiques ou militaires. Le mal, c'est d'abord celui que moi je suis capable de commettre. La croix nous signifie que le mal s'appelle « le péché ». Le pape Benoît XVI a dit que le principal problème aujourd'hui c'est l'égoïsme.

Deuxième « leçon » : la croix nous dit que la miséricorde du Seigneur sera toujours plus lourde que tous nos péchés. Deux petits enfants de deux ans et demi et trois ans jouaient à la dînette. Le petit Ghislain, qui tient beaucoup à être un petit garçon gentil, renverse de l'eau. La maman passe, un peu énervée, et lui dit d'un ton un peu sévère : « Qu'est-ce que tu as fait encore ? » Toute la détresse du monde se lit alors sur le visage du petit Ghislain. Là-dessus, la grand-mère, témoin de la scène, enchaîne gentiment : « Tu as fait une bêtise mais ce n'est rien, ça se répare. » Elle va chercher la serpillière et tout est remis en ordre. Visage rayonnant de l'enfant. Peu après, c'est sa petite cousine qui renverse de l'eau. Mais ce n'est pas du tout le même tempérament, elle ne s'en préoccupe absolument pas. Pourtant, aussitôt Ghislain lui dit cette petite phrase : « Ne t'en fais pas, je vais chercher la serpillière et je réparerai ta bêtise. » C'est formidable ! Ghislain avait fait l'expérience de la miséricorde, et à son tour il faisait miséricorde.

Troisième « leçon ». Rappelons l'analyse très perspicace du père Jean-Marie Petitclerc, prêtre salésien, et aussi polytechnicien. Il dit que le plus dur à vivre, dans l'adolescence, c'est un travail de deuil : faire le deuil de l'image idéale de ses parents, faire le deuil de l'image idéale de soi, faire le deuil d'un certain nombre de rêves d'enfance pour naître au projet.

Il nous faut comprendre qu'il y a plus de bonheur à poser un geste de tendresse qu'à fantasmer sur un océan de tendresse et qu'il y a toujours plus de bonheur à construire une brique de justice qu'à fantasmer sur une maison de justice.

Pour les jeunes qui ont eu une enfance chrétienne, le dernier deuil, c'est celui d'une image infantile de Dieu. Le tout petit enfant vit dans un univers de toute-puissance. Peu à peu il découvre qu'il ne commande pas l'ensemble des choses. Ne pouvant exister dans la toute-puissance du oui, il tentera d'exister, vers 2 ou 3 ans dans la toute-puissance du non. Lorsque l'on parle de Dieu à l'enfant, il peut s'en servir pour échapper à cette perte douloureuse de sa propre toute-puissance. Il va donc se construire un Dieu en négatif de toutes ses propres limites, fantasmé comme secours à sa propre impuissance : Je suis petit, Dieu est grand ; je suis faible, Dieu est fort, etc.

Le Dieu de Jésus-Christ nous enrichit de Sa pauvreté. Sa toute-puissance est la « toute-faiblesse » de l'amour. La fébrilité des fêtes de Noël se sent déjà. Antoine, 5 ans, est tout heureux ce jour-là : la famille a décidé de sortir les petits santons pour préparer la crèche. Joseph, Marie, l'âne gris et le bœuf costaud sont placés sur la paille, entourant la mangeoire vide. Les bergers et leurs moutons, un peu à l'écart, sont en marche. « Et le petit Jésus ? », s'inquiète Antoine auprès de ses parents qui lui expliquent qu'il faut attendre la nuit de Noël pour déposer le nouveau-né dans la crèche. Mais l'enfant n'imagine pas laisser vide le centre de la scène ; il s'enfuit dans sa chambre pour redescendre aussitôt avec un petit crucifix de bois… qu'il vient placer dans la mangeoire. Antoine, bienheureux théologien ! Quel beau raccourci, quelle vive compréhension du mystère de l'Incarnation : de la crèche à la croix, Jésus donné aux hommes !

Quatrième « leçon » : on se grandit en s'abaissant. Les petites erreurs de vocabulaire des enfants en disent plus en tout cas que de longs discours. À une petite Cécile de trois ans et demi ses parents racontent l'histoire de Zachée, petit de taille, mais grand en malhonnêteté. Le lendemain, ils reprennent la conversion de Zachée avec elle, en suivant sur un dessin. « Alors, Jésus est venu chez Zachée, et qu'a fait Zachée, après ? » Et Cécile de répondre : « Eh bien ! il a grandi ! » Se mettre à genoux pour se confesser, c'est grandir, en effet ! Hélène, 7 ans : « Moi, quand je me confesse, je dis mon acte de construction. » Faire « contrition », reconnaître humblement (et régulièrement) ses manques d'amour, c'est se laisser construire... peu à peu.

Jésus est mort sur la croix parce que notre Dieu Trinité, Lui, son Père et le Seigneur Esprit Saint, ne nous sauve pas par un coup de baguette magique mais en nous permettant de nous associer à son œuvre. Les parents qui sont de vrais éducateurs savent combien il est important de permettre aux enfants de faire eux-mêmes plutôt que de faire à leur place. Mais pour cela, il faut une patience d'ange ! Jésus est mort et ressuscité pour nous « élever » au-dessus de nous-mêmes.

II. Pourquoi la croix peut-elle être dite glorieuse ?

152. La croix gêne depuis le début

On le constate depuis le début, depuis deux mille ans : beaucoup d'hommes ne peuvent supporter la croix de Jésus. Les témoins de Jéhovah affirment que Jésus — qui, pour eux, n'est pas Dieu — n'est pas mort sur une croix mais sur un poteau. Dans les pays islamiques, la Croix-Rouge est obligée de repeindre ses ambulances pour cacher la croix. À Paris, des citoyens musulmans avaient demandé à M. Delanoë qu'on supprime les croix vertes des pharmacies. Le Coran n'a gardé que deux articles du credo chrétien : Jésus est bien né de la Vierge Marie et c'est lui qui viendra juger les vivants et les morts. Mais il y est dit que Jésus a été enlevé au Ciel juste avant qu'un autre ne soit crucifié à sa place, soit Simon de Cyrène, soit Judas.

ET NOUS AVONS DONC DÉCIDÉ, D'UN COMMUN ACCORD...
...DE CENSURER TOUT SIGNE EXTÉRIEUR SUSCEPTIBLE DE CHOQUER OU DE HEURTER LES ENFANTS, LES NON CHRÉTIENS ET LES CHRÉTIENS EUX-MÊMES...
CENSURÉ
POUR UNE ÉGLISE PLUS SYMPA
DECLARATION POUR UNE IMPULSION JOYEUSE ET PACIFIQ
CENSURE
CENSURÉ
GUÉZOU

La croix gêne même certains chrétiens. Pour preuve cet extrait du compte rendu d'une session internationale sur la prière, extrait un peu ironique :

> *Dans la plupart des pays, on se confesse pour communier. Les Français surprennent les chrétiens venus d'ailleurs : ils ne font donc pas de péchés puisqu'ils ne se confessent pas ? Au-delà de la diversité nécessaire des théologies plus ou moins centrées sur la faute, il y a certainement un problème en France où l'on positive tellement que le mal ne semble plus exister. Notre temps rêve d'un peuple sans péché, conduit par un Dieu sans colère, vers un royaume sans jugement, sauvé par un Christ sans croix.*

Le pape François dit que le démon déteste tout ce qui a un rapport avec la croix.

Or, la croix est le signe de reconnaissance des chrétiens : alors qu'elle était un horrible instrument de torture et de mort, grâce à Jésus elle est devenue un signe d'amour, de paix et de vie. D'ailleurs, dans nos vies de chrétiens, coexistent toujours la souffrance et la joie. Toute la vie spirituelle (sacrements, prières, évangélisation) n'est que la mise en œuvre et le fruit de ce qui s'est passé le Vendredi saint.

153. La croix : échelle, ancre, charrue et caducée

Premièrement, le mal est vaincu. Quand les historiens étudient ce qui s'est passé dans une guerre, ils disent : « C'est cette bataille qui a été décisive. » Les combats ont continué mais à partir de ce jour-là, la guerre était gagnée. Le problème, c'est que certains chrétiens vivent comme cet homme perdu sur une île du Pacifique : quarante ans après la guerre de 1939-1945, il vivait encore dans la peur parce qu'il ne savait pas que la Deuxième Guerre mondiale était terminée. Un ami prêtre, lorsque nous nous prenons la tête en réunion, nous dit volontiers : « Si je peux vous rassurer, la rédemption est déjà accomplie. » Nous ne vivons pas pour remporter une victoire mais pour gérer une victoire. La croix est comme une échelle déjà disposée.

Deuxièmement, la croix signifie que Dieu est descendu aux enfers. Il faut distinguer les enfers et l'enfer. Les enfers : on pourrait traduire par les « bas-fonds » de l'humanité. Aucun homme ne pourra jamais dire : « Pour moi, Dieu n'est pas descendu assez bas. » Aussi bas que quelqu'un puisse descendre dans le vice, il trouvera le bon Dieu. Quelle espérance ! La croix est comme une ancre à laquelle on peut s'arrimer solidement.

Troisièmement, la souffrance n'est pas à rechercher mais quand elle ne peut pas être évitée, elle est aussi porteuse de résurrection puisque Jésus « est venu la remplir de sa présence », selon le joli mot de Paul Claudel. Un couple marié ne savait vraiment pas communiquer. Tous les deux étaient des puits de tendresse mais ils avaient mis un couvercle sur les puits. Aussi lorsqu'un soir, le mari rentre à la maison et va embrasser sa femme, elle est toute surprise. N'imaginez pas qu'il l'ait prise longuement dans ses bras, non, juste deux petits baisers posés sur les joues. Elle ne peut se retenir de lui demander ce qui lui arrive, ce qui lui prend. Il lui répond :

« Eh bien, c'est bientôt Pâques et je suis allé me confesser.

— Je ne vois pas bien le rapport.

— En fait, le prêtre m'a dit qu'il fallait que je suive Jésus au plus près. Il m'a rappelé sa Parole : "Si quelqu'un veut être mon disciple, qu'il renonce à lui-même, qu'il prenne sa croix chaque jour et qu'il me suive". Il m'a dit : "Il vous faut embrasser votre croix." Voilà, c'est fait »... !

Ce n'est qu'une histoire, mais elle dit assez bien que l'autre, qu'il soit notre conjoint ou notre collègue, notre voisin ou notre client, notre patient ou notre enfant, peut être notre croix au sens où il nous oblige aussi à nous surpasser, à travailler sur nous-mêmes pour aimer en vérité.

Les théologiens des premiers siècles comparaient la croix à une charrue. Elle laboure notre terrain pour développer notre capacité d'aimer.

Quatrièmement, une année, pour sa prédication du Vendredi saint au Vatican, le père Raniero Cantalamessa posait la question : « Que faire pour garantir à quelqu'un que telle boisson ne contient pas de poison ? » Il répondait : « La boire avant lui, devant lui ! C'est ce que Dieu a fait avec les hommes. Il a bu la coupe amère de la passion. La souffrance humaine ne peut donc pas être empoisonnée, ne peut être seulement négativité, perte, absurdité, si Dieu lui-même a choisi de la goûter. » Mais « au fond de la coupe, il doit y avoir une perle, a-t-il ajouté. Le nom de la perle, nous le connaissons : résurrection ! »

C'est le caducée des professions médicales, le serpent au sommet d'un mât, symbole repris de l'évangile selon saint Jean[1].

---

1. *Cf.* Jn 3, 14.

Le pape Jean-Paul II a écrit : « Si l'agonie de Dieu sur la croix n'avait pas eu lieu, la vérité que Dieu est Amour serait restée suspendue dans le vide. » La croix, échelle, ancre, charrue, caducée, n'est pas un anesthésiant mais un fortifiant.

III. Un seul est mort pour tous

« Le juste, mon serviteur, justifiera les multitudes » (Is 53, 11). « [Jésus n'est] pas venu pour être servi mais pour servir et donner [sa] vie en rançon pour la multitude » (Mc 10, 45). Nous pouvons nous poser la question : comment se fait-il que la mort d'un homme sur la croix il y a deux mille ans concerne tous les hommes de tous les temps, et les sauve ?

154. La longue préparation de l'Ancien Testament

Il faut d'abord se dire que c'est un mystère, c'est-à-dire non pas quelque chose que l'on ne peut pas comprendre mais quelque chose que l'on met toute sa vie à comprendre. Et pour approfondir ce mystère, il y a plusieurs entrées. La première, c'est de parcourir même à grandes enjambées — avec nos bottes de sept lieues — l'Ancien Testament. Parce que le Seigneur a pris deux mille ans pour préparer son peuple à accueillir ce Trésor. En lisant le récit sur Abraham qui conduit son fils Isaac au sacrifice avec le fagot sur le dos, on entre un peu dans le mystère du Père et du Fils qui vont jusqu'au bout du don de soi. En relisant toute l'histoire de Joseph vendu par ses frères, on apprend comment Jésus retourne la situation et sauve ceux-là mêmes qui l'ont livré. Comme si la spécialité de Dieu, c'était de faire d'un tsunami destructeur un barrage producteur de lumière. En relisant les textes sur Moïse, on comprend que nous étions tous sous le joug de « Pharaon » (que le saint curé d'Ars appellera « le Grappin »), et que pour nous sauver de son esclavage, pour nous en extraire, il fallait le Fils de Dieu lui-même. En relisant le livre d'Isaïe, on comprend que Dieu ne nous sauve pas comme un Superman mais comme un agneau à la merci de notre sauvagerie ou de notre compassion. En relisant le Lévitique et même le livre de Jonas, on comprend que Jésus a servi de bouc émissaire, etc.

155. Il frappe fort

Une deuxième façon d'approcher le mystère, ce sont les images que nous pouvons en donner ou qu'en donne le Saint-Esprit. Mgr Henri Brincard, qui fut évêque du Puy-en-Velay, avait vraiment un charisme pour parler aux jeunes de tous âges. Aux enfants et aux confirmands de 13-14 ans, il faisait faire des gestes. Un jour, il recevait des jeunes confirmands à l'évêché. Il les avait fait installer dans le grand salon. Le cadre est splendide mais les huisseries sont très vieilles ; les vitres des portes intérieures sont très anciennes. Or voilà que le père évêque assigne à un des jeunes le rôle de Jésus et le fait mettre derrière la porte en lui disant : « Tu fais Jésus qui frappe à la porte de mon cœur. Frappe plus fort. Je vais voir qui c'est. Je le regarde dans les yeux. Je reconnais Jésus et je lui claque la porte au nez en lui disant : "Ah, non !" Eh bien, quand je connais Jésus et que je ne fais pas ce qu'il nous a indiqué, je lui claque la porte au nez. » La première fois que lui est venue l'idée de représenter ainsi ce qu'est le péché, il a fait mettre le jeune derrière la porte vitrée ; le jeune a joué avec tellement d'application le rôle de Jésus qui frappe à la porte de notre cœur qu'il a cassé le carreau ! Il s'est entaillé la main. La religieuse de l'évêché l'a emmené pour lui faire un beau pansement. Quand il est revenu, le jeune confirmand a dit : « Père évêque, je viens de comprendre la croix. » C'est quand je saisis que Dieu le Fils est mort sur la croix pour entrer en amitié avec moi, pour demeurer dans mon cœur, que je deviens à mon tour capable de vivre le mystère de la croix.

156. Comment enlève-t-il les péchés ?

Mais au fait, de quoi nous sauve Jésus ? De « Pharaon », c'est-à-dire du péché et de celui qui tire les ficelles. À chaque messe, nous prions « l'Agneau de Dieu qui enlève le péché du monde ». Comment enlève-t-il le péché ? Avec une poudre à laver super-puissante ? (L'image est dans la Bible, dans le Psaume 50 et dans Isaïe : « Vos péchés pourraient être rouges comme l'écarlate, comme neige ils deviendront » [Is 1, 18].) Non, parce que les péchés, ce ne sont pas des souillures extérieures. Avec des antibiotiques ? (L'image est biblique aussi. Jésus nous purifie de la lèpre qu'est le péché). Non, parce que les péchés, ce ne sont pas des microbes. En nous entourant comme d'une vitre pare-balles spirituelle ? Non, car le mal n'est hélas pas seulement extérieur; il est inscrit en nos cœurs. Dans la Bible, le salut est éminemment personnaliste: c'est une personne qui sauve une autre personne. Jésus est le *go'el*, le proche parent qui rachète le frère prisonnier, le fils kidnappé, le cousin esclave. L'image qui convient le mieux est celle du père Kolbe qui, au camp d'Auschwitz, prend la place d'un condamné à mort pour le sauver. Jésus porte et emporte mon péché. Il le prend sur lui, il en fait son affaire, il en répond devant le Père. Plus que l'image de la lessive, ou de la perfusion d'antibiotique, ce sont ces gestes héroïques de don de soi qui nous disent comment Jésus enlève nos péchés. Pour Jésus, c'est une œuvre de libération à laquelle il nous fait la grâce de coopérer. Il nous sauve en mettant à la place son Esprit Saint, Esprit Saint qu'il nous a obtenu par sa mort sur la croix. (Saint Jean nous décrit la mort de Jésus en nous disant: « Et inclinant la tête, il remit l'esprit » [Jn 19, 30].) L'Esprit Saint, c'est le sur-don, le super-don, le méga-don, le pardon en personne... si nous le voulons bien. C'est comme un chèque libellé à votre nom, signé et daté en bonne et due forme. Vous ne pouvez l'encaisser que si vous signez au dos.

157. Le premier sauvé de sainte Thérèse Martin

Ce que nous avons du mal à comprendre, c'est la grâce immense qui nous est faite d'être associés à l'œuvre d'un Dieu qui aurait très bien pu se passer de nous pour faire son œuvre. 1er août 1887: Henri Pranzini va être guillotiné à Paris devant la prison de la Roquette. C'est un triple assassin qui a égorgé deux femmes et une fille de 12 ans. Contre toute attente, à l'instant de monter sur l'échafaud, il se retourne, saisit le crucifix du prêtre et l'embrasse trois fois. En lisant ce récit (dans le journal, en cachette, chez son père), la jeune Thérèse Martin a les larmes aux yeux: elle priait pour la conversion du tueur depuis six mois. « Je voulais à tout prix l'empêcher de tomber en enfer... » Un an plus tard, Thérèse entrera au carmel de Lisieux à 15 ans. Cent dix ans plus tard, saint Jean-Paul II la désignera docteur de l'Église. C'est à cela que servent les saints: à sauver par leur prière « les hommes sans nombre qui naissent, vivent et meurent sans s'être une seule fois servis de leur âme », comme dit Bernanos.

12
Jésus est le Ressuscité

I. La Résurrection éclaire la croix

Pour bien comprendre la portée de la résurrection de Jésus, il faut tenir compte de trois choses.

158. En Jésus, une incroyable énergie à notre disposition

Premièrement, nous disons que Jésus est Dieu. C'est vrai. Mais quelle idée de Dieu avons-nous ? Saint Grégoire de Nazianze a une belle comparaison. Il dit qu'aucun homme n'a jamais respiré tout l'air qui se trouve dans l'atmosphère. De même, chacun de nous doit savoir que Dieu est des milliards de fois mieux que le mieux que chacun peut penser de Lui. Saint Augustin l'avait compris grâce à un petit enfant sur la plage d'Ostie près de Rome. De loin, il voyait cet enfant faire un étrange manège : avec une coquille saint-Jacques, il prenait de l'eau dans la mer et la portait dans un petit trou dans le sable. Augustin s'approche peu à peu de cet enfant, et il lui demande ce qu'il fait : « Je mets toute la mer dans le trou » « Ah, dit Augustin, tu n'es pas près d'y arriver ! » Et l'enfant lui dit : « Toi non plus, Augustin, tu n'arriveras jamais à mettre la Trinité dans ta pensée. »

Un moine qui donnait son témoignage à des jeunes les avait touchés en leur disant : « Se demander où est Dieu, c'est comme si un poisson dans la mer se disait : "Mais où est la mer ? Où est la mer ?" »

Dieu est trois fois saint, saint à la puissance trois milliards. Et Jésus est Dieu. Cette sainteté s'est « christallisée » (!) en cet homme Jésus. Et Jésus peut dire : « Je suis le Chemin, la Vérité, la Vie » (Jn 14, 6). Le barrage de la Grande-Dixence, dans les Alpes, permet d'accumuler une énorme énergie : 400 millions de mètres cubes d'eau provenant de trente-cinq glaciers ! Il produit 20 % de l'énergie totale consommée en Suisse. Des conduites amènent l'eau aux turbines 1800 mètres plus bas, mais pour faire tourner celles-ci, il faut ouvrir les vannes. Cet ouvrage formidable, source de tant d'énergie, nous fait penser à la puissance de Dieu, toujours à la disposition du chrétien. Encore faut-il que nous ouvrions les vannes.

159. Jésus affronte le fait massif de la souffrance injuste

Deuxièmement, ce Jésus ressuscité c'est le crucifié. La croix, c'est un raccourci pour dire une somme de souffrances physiques inimaginables, un concentré de souffrances morales comme on n'en a pas idée, des souffrances spirituelles comme en connaissent les grands saints, une Mère Teresa notamment : « Mon Dieu, mon Dieu, pourquoi m'as-tu abandonné ? » (Mt 27, 46). Le fondateur de notre religion a affronté ce qui est massif dans l'expérience humaine, la souffrance. Tout le monde, un jour ou l'autre a son lot. La souffrance de chacun est un continent différent très difficile à aborder, qui ne se compare pas. Pourquoi Jésus ne s'est-il pas contenté de dire tout simplement : « Il suffit d'aimer » ? Pourquoi cette croix, ces souffrances, cette agonie ? C'était si simple de nous dire : « Il suffit d'aimer. » Pourquoi l'état catastrophique de mon intérieur qui fait le mal qu'il voudrait éviter et qui ne fait pas le bien qu'il aimerait faire, alors que la solution est si simple ? Tout simplement parce que nous ne sommes pas l'Amour. Seule la source est Amour et je ne suis pas la source. Alors pour véritablement aimer, il me faut d'abord accueillir cet Amour.

Jésus nous a permis d'identifier la source la plus terrible du mal. Hélas, c'est le cœur de l'homme. En Afrique, on raconte cette histoire : un homme se précipite, affolé, chez un missionnaire, force la porte et s'écrie : « Vite, vite ! Il faut faire quelque chose ! Un singe vient de ramasser un couteau » « Ne t'inquiète pas, lui dit le père. Tant que ce n'est pas un homme... » Mais c'est une bonne nouvelle : ainsi, je peux, grâce à Jésus, m'avouer ma propre violence et la canaliser, la dompter.

160. La force du chien sur le chacal

Un jour dans une forêt, un chien décortiquait un tas d'os. Du coin de l'œil, il voit un chacal s'approcher derrière lui. Le chacal se lèche déjà les babines à l'idée de manger le chien. Malicieux, le chien dit négligemment, sans se retourner : « Hmm, ce chacal était délicieux, j'espère en manger un autre très bientôt. » Le chacal s'en va, tête basse. Il est rattrapé par un singe qui a tout vu et qui lui dit : « Il a bluffé ; en fait, il a très peur de toi ; tu peux retourner prendre ton repas, tu ne crains rien. » Quand le chien les voit arriver tous les deux, après une seconde de panique, il dit d'un ton dégagé : « Je me demande ce que fait ce petit singe... Il m'avait pourtant promis de me ramener un chacal ! » C'est le Seigneur qui nous donne peu à peu confiance ; grâce à cette confiance intérieure en Jésus, nous échapperons à bien des dangers ; nous ferons plus que ce que nous pourrions espérer à vue humaine.

II. Mais Jésus est ressuscité

En quoi la résurrection de Jésus est-elle une bonne nouvelle ?

161. La plus surprenante des nouvelles

On raconte qu'un jour, dans une grande ville, un monsieur pressé prend un taxi. Il explique au chauffeur qu'il a beaucoup de travail et comme le trajet doit durer pas moins de trois quarts d'heure, il en profitera pour préparer ses dossiers. Il se met donc à l'arrière. Voilà qu'ils roulent depuis une bonne demi-heure, plutôt lentement. À ce moment-là, le monsieur pressé veut demander au chauffeur un renseignement. Pour cela, gentiment, de sa main gauche, il lui fait une tape sur l'épaule. Immédiatement, à sa grande surprise, il voit le chauffeur sursauter comme rarement il a vu quelqu'un sursauter, et lâcher le volant. La voiture fait une embardée mais finalement s'immobilise, Dieu sait comment. Une fois que l'un et l'autre ont retrouvé leurs esprits, le chauffeur présente ses excuses : « J'étais complètement dans la lune. En fait, c'est mon premier jour de conduite d'un taxi ; jusqu'à présent et pendant des années, j'étais chauffeur de corbillard des pompes funèbres »... !

Les apôtres eux aussi ont sursauté quand ils ont vu Jésus de leurs propres yeux après sa mort. Les quatre évangélistes insistent sur le fait qu'ils ont été complètement surpris. C'est un des signes d'authenticité de leurs témoignages. Avec leur courage jusqu'au martyre.

162. Seulement une couche de peinture bleu ciel ?

Mais la résurrection de Jésus est beaucoup plus que la réanimation d'un mort. Il nous faut chercher en quoi elle nous concerne aujourd'hui.

Récemment, des scandales impliquant ceux qui avaient charge de représenter la loi et qui l'ont délibérément transgressée ont jeté le soupçon sur les prêtres et un sentiment de honte sur l'Église du Christ... Mais le Christ est ressuscité ! Les sommets de Copenhague et Doha, signes de l'incapacité de notre humanité à voir plus loin que le bout de son nez... Mais le Christ est ressuscité ! Abstention record, rejet du pouvoir, discrédit du politique... Mais le Christ est ressuscité ! Port-au-Prince, ville martyre, victime de la violence de la nature qui s'abat sur un des pays les plus pauvres du monde... Mais le Christ est ressuscité ! Les attentats de Moscou, la Syrie à feu et à sang, la violence un peu partout... Mais le Christ est ressuscité ! Les drames dans nos familles... Mais le Christ est ressuscité !

Dans les évangiles, la résurrection n'est pas un conte de fées. Ce n'est pas la résolution de tous les problèmes du monde d'un coup de baguette magique, ni une couche de peinture bleu ciel posée sur l'histoire de notre humanité. Lorsque saint Paul écrit que « rien, ni la détresse, ni l'angoisse, ni la persécution, ni la faim, ni le dénuement, ni le péril, ni l'épée... rien ne pourra nous séparer de l'amour de Dieu en Jésus-Christ » (Rm 8, 35), il évoque des réalités qu'il a vécues.

On dira aussi : si les pratiquants étaient meilleurs que les autres, cela se saurait. Les pratiquants ne revendiquent pas d'être meilleurs que les autres, mais ils espèrent bien s'améliorer : être meilleur, cela dépend aussi de nos blessures, de notre caractère, de notre tempérament, des influences plus ou moins bonnes que la vie nous a imposées. Mais la question n'est pas là. La question, c'est que depuis deux mille ans, l'Évangile se transmet essentiellement par la messe. Qui va transmettre Jésus ressuscité aux générations futures ?

III. Jésus

163. Qui est le premier missionnaire ?

Un jour, au paradis, pour rompre la somnolence de certains, saint Pierre fit organiser le concours du premier missionnaire. Les anges installèrent des gradins en déplaçant quelques nuages, et une bonne sono. Avant le vote, tous les saints qui le voulaient firent leurs propositions. Celui qui arrivait en tête de tous les pronostics était saint Paul : il était allé à Rome, il avait permis à la foi chrétienne de prendre son essor sur des bases solides, il avait écrit l'essentiel du Nouveau Testament. Mais certains proposaient saint François-Xavier, d'autres sainte Thérèse de l'Enfant-Jésus, patronne des Missions, d'autres encore saint Jean-Paul II ou sainte Mère Teresa. Le jury délibéra. Finalement, on fit appeler quelqu'un que bien peu attendaient. Elle quitta sa place et descendit vers le podium, intimidée et émue. La première missionnaire, c'est sainte Marie Madeleine ! Parce que la mission consiste à annoncer que Jésus est vivant, qu'il est ressuscité. Et ce ne sont pas seulement les gens bien nés, les personnes bien élevées, les parfaits qui peuvent l'annoncer. Mais peut-être d'abord ceux qui ont fait l'expérience de son pardon, ceux qui ont croisé son regard.

164. Un faisceau de signes

On peut dire que la plupart des 7 milliards de personnes qui peuplent la planète croient en Dieu mais quand on veut résumer la foi des chrétiens, on parle d'un événement. On prononce trois petits mots qui tiennent sur le dos d'un timbre-poste : Jésus est ressuscité.

Ce Jésus qui a souffert non pas sous Pompidou, mais sous Ponce Pilate, ce Jésus dont on a vu le corps crucifié puis raidi par la mort, enfermé dans un tombeau, a été revu vivant après sa mort.

Nous aurons toujours bien des raisons pour ne pas croire en la résurrection de la chair. Cela paraît tellement invraisemblable. Nous sommes dans la situation du bébé avant la naissance ; il ne peut pas imaginer une vie en dehors de l'enveloppe du liquide amniotique et sans le cordon ombilical. Nous sommes comme la petite larve dans l'étang à qui il est impossible de s'imaginer petite libellule ; ou bien comme la chenille qui est incapable de penser qu'elle pourrait bien devenir papillon. Nous sommes comme des glands qui ne peuvent pas se penser grands chênes. Et pourtant Jésus y tient. Il a parlé souvent de la résurrection des corps. Il n'a pas fait qu'en parler, il l'a réalisée. Comment le savons-nous ? Par quatre faits :

Premièrement, la disparition du corps du Christ (le fait est constaté dès l'aube [Mc 16, 2-4]). Il fut nécessairement vérifié par les autorités et par beaucoup d'habitants de Jérusalem, vu les controverses (apôtres arrêtés, Étienne lapidé, etc.) Cette disparition est confirmée tacitement par les ennemis du christianisme (s'ils avaient pu, ils auraient évidemment montré le corps du Christ pour faire taire les rumeurs de résurrection). Cette disparition est confirmée factuellement par le développement du christianisme en Judée (impossible si le tombeau n'avait pas été trouvé vide). Deuxièmement, le témoignage de dizaines de témoins qui affirment catégoriquement l'avoir revu vivant (ressuscité). Troisièmement, la subite métamorphose des apôtres : lâches, fuyards, démoralisés et désorganisés par la mort du Christ, ils proclament tout à coup sa résurrection, bravant héroïquement la mort, tellement ils sont sûrs de ressusciter avec Lui. Quatrièmement, malgré toutes les persécutions, la conversion progressive de l'Empire romain au culte d'un Juif crucifié.

S'ils avaient inventé, les évangélistes auraient-ils résisté à l'envie de décrire le moment même de la Résurrection ? Auraient-ils valorisé les femmes aux dépens des apôtres ? Auraient-ils réduit les apparitions à des scènes toutes familières ? Auraient-ils livré des récits difficilement conciliables, comme des pièces de puzzle (ce qui révèle, finalement des témoignages indépendants sur un événement complexe) ?

Un autre signe très fort est l'existence du dimanche. Pour un juif, le jour du Seigneur est le samedi, le sacro-saint shabbat, septième jour de la semaine, jour où « Dieu se reposa de toute l'œuvre qu'il avait faite » (Gn 2, 3). Pour que des Juifs se permettent de déplacer le jour sacré, il fallait une raison importantissime. Peut-il y en avoir une autre que la résurrection de Jésus ?

Plus tard la théologie symbolique des Pères de l'Église expliquera ceci : Jésus est ressuscité précisément le huitième jour, premier jour d'une nouvelle semaine, c'est-à-dire qu'il nous introduit dans la Nouvelle Création. L'homme qui est limité, fini, est représenté par le carré. Dieu est représenté par le cercle qui dit bien l'absolu, l'infini, la perfection. Jésus nous transforme de carré en cercle en nous faisant passer par l'octogone.

165. Pour notre liberté

Mais s'il ne s'agissait que de croire à la réanimation d'un cadavre, cela n'aurait pas tellement d'intérêt. Cependant, chacun de nous depuis son baptême est engagé dans une œuvre de résurrection ou, pour le dire par un autre mot, de libération. L'abbé Pierre disait que la liberté c'est toujours une libération « de » quelque chose et une libération « pour » quelque chose. C'est d'abord une libération de quelque chose. Nous avons tous nos pharaons qui nous rendent esclaves. Et comme ils nous récompensent si on les sert bien, comme ils nous donnent satisfaction, on n'a pas tellement envie de les quitter. C'est aussi une libération pour quelque chose. Posez la question à un garçon sérieux qui est fou amoureux : « Est-ce que tu te sens libre ? » Il vous répondra : « Oui, c'est sûr, je suis libre comme jamais je ne l'ai été. Jamais auparavant, je n'avais expérimenté cette sensation de liberté. » Et pourtant ce garçon ne peut s'acheter le moindre tee-shirt sans demander à son amoureuse s'il lui plaît. Les autres copains lui disent : « Tu n'es pas libre. » Ils confondent le libre arbitre qui est la capacité de tout faire et la liberté qui est la capacité de se donner. Ce garçon amoureux est libre parce qu'a été libérée en lui la capacité de se surpasser, de sortir de lui pour penser d'abord à l'autre. Reportez cela sur Dieu et vous comprendrez la grâce de la foi...

166. Un crucifix réduit en galette

Une anecdote parmi des millions : Bernard, un jeune chrétien, est embauché dans une usine qui fabrique des pièces de grande précision en découpant dans de la tôle avec d'énormes marteaux-pilons. Il fait très chaud, donc tout le monde travaille torse nu (à cette époque il n'y a pas les normes de sécurité d'aujourd'hui). Un ouvrier plus ancien voit alors le crucifix de Bernard et aussitôt, il lui dit d'un ton très agressif : « T'es chrétien ? » « Oui, je suis chrétien. Ça te gêne ? » « Oui, ça me gêne. » Et il lui arrache le crucifix de la poitrine, le met sous le marteau-pilon et actionne la manette. Et le crucifix se retrouve en miettes. « Voilà ce que j'en fais de ton Jésus. » Mais Bernard sort son opinel, un opinel qu'il aiguise à la meule en pierre et qui coupe comme un rasoir. Il se fait une croix sur la poitrine à l'endroit où était son petit crucifix mais beaucoup plus grande et il dit à celui qui l'a agressé sur sa foi : « Eh bien maintenant, prends ce crucifix et mets-le sous le marteau-pilon. » Qui croyez-vous que les collègues ont élu quand il a fallu désigner un délégué pour négocier avec la direction ? Bernard. Parce qu'ils savaient qu'avec lui leurs droits seraient défendus, qu'il agirait avec justice et liberté intérieure.

167. La meilleure place

Le concile Vatican II a cette belle phrase : « Par son incarnation, le Fils de Dieu s'est en quelque sorte uni lui-même à tout homme[1]. » Un vieux prédicateur de retraite raconte malicieusement un de ses rêves. À la fin d'une retraite épuisante prêchée à sa propre communauté, le plafond de la salle s'était soudain effondré. Tous, surpris, s'étaient retrouvés à la porte étroite du Royaume des cieux. Il avait vu, admiratif, les retraitants ses frères passer devant lui et entrer les uns après les autres pour être placés par les anges. Certains étaient même très bien placés !

Quand il entra à son tour, en dernier, la foule de ceux à qui il avait parlé une fois ou l'autre de Dieu se leva pour applaudir. À sa confusion, car il avait essayé de faire son travail de prédicateur comme un artisan, ne cherchant pas les bravos mais le boulot bien fait.

Les anges ne trouvèrent sa place à lui, le prédicateur, qu'après une recherche laborieuse, tout derrière au fond (pas très loin d'ailleurs du supérieur général !) Il n'en éprouva aucune amertume, trouvant au contraire bien normal que le serviteur inutile ait une place très discrète. Il avait tellement cité les paroles de l'Époux ici-bas qu'il se réjouissait maintenant à la perspective de l'entendre en direct. La sono est bonne au paradis. Cela lui suffisait.

Il y eut une immense clameur quand Jésus entra. Les anges d'accueil se précipitèrent. Le Seigneur traversa longuement la salle de noce, saluant chacun, et vint s'asseoir sur un petit strapontin tout au fond, qu'il n'avait pas remarqué… juste derrière lui. Et Jésus lui tapota l'épaule de la main. Bon, l'éternité s'annonçait bien ! La conclusion du vieux prédicateur québécois était qu'au Ciel, seule importait la proximité de Jésus.

1. Concile Vatican II, Constitution pastorale *Gaudium et spes*, 7 décembre 1965, n° 22, § 2.

168. Comme un cadenas de vélo

Imaginons, vous avez l'habitude de circuler à vélo. Vous trouvez que c'est un moyen de locomotion pratique, écologique, économique et qui vous permet d'entretenir votre forme physique. Vous vous en servez pour aller faire vos courses, notamment pour aller acheter le pain à la boulangerie. Ce jour-là, vous êtes pressé, vous vous dites que vous aurez vite fait, vous ne mettez pas votre cadenas. Vous appuyez simplement votre vélo contre le bord du trottoir devant la vitrine. Vous espérez aller vite mais voilà que deux clients qui sont avant vous ont besoin de plus de temps. L'anxiété vous gagne. Vous n'êtes pas tranquille. Il serait si facile qu'on vous vole le vélo. Vous regardez souvent du côté de la vitrine. Et quand arrive votre tour, vous ne pouvez plus jeter de coups d'œil furtifs puisqu'il faut répondre à la boulangère... Bref, vous n'êtes pas disponible. Au contraire, le jour où vous avez mis votre cadenas, vous savez que votre vélo est en sécurité. Vous avez l'esprit tranquille. Vous êtes disponible pour parler à la boulangère, l'écouter, avoir une petite conversation avec elle. Jésus est un peu comme le cadenas du vélo. Il nous met en sécurité. Grâce à lui, nous ne sommes pas focalisés sur des soucis matériels. Nous ne sommes pas obnubilés par des inquiétudes qui n'en valent pas la peine. Je peux m'occuper du Royaume de Dieu et pas seulement de mes petites affaires, de mon petit moi. Le vélo, c'est mon avenir, mon logement, ma nourriture, mes loisirs, mes occupations, mes soucis matériels. Plus nous nous attachons à lui et plus nous sommes libres. Plus nous sommes liés à lui, plus nous disposons de nous-mêmes.

IV. Le pouvoir aimant de Jésus

169. Vive la force d'attraction

Un jour, je travaillais dans l'atelier de menuiserie de mon papa. En cherchant un petit tournevis, j'ai laissé tomber une boîte de petites vis... Dieu merci, dans un atelier de menuisier-ébéniste, il reste des petits objets qui étaient beaucoup utilisés avant que l'on n'invente les charnières de placards à ressorts puissants. Ces petits objets que l'on posait sur les portes de placards, ce sont les aimants. En un rien de temps, les petites vis sont revenues dans leur boîte. Vive la force d'attraction !

Un jeune homme, Victor, frappe un soir à la porte d'une maison ; il est sur son trente et un, il a mis son plus beau tee-shirt, mais il a le cœur qui bat : comment Lucie et ses parents accueilleront-ils la demande en mariage qu'il vient faire en tremblant ? Lucie en personne lui ouvre. Un clin d'œil, le plaisir évident de la demoiselle le rassurent, son cœur se dilate. Il entre, voit la mère qui lui paraît extrêmement sympathique, il serait même tenté de l'embrasser. Il a déjà croisé cent fois le père, mais ce soir il est transformé par une lumière spéciale. Et quand arrivent les frères, ce sont embrassades et saluts chaleureux. Qu'est-ce qui arrive à ce jeune homme ? Que signifient toutes ces amours poussées à l'improviste comme des champignons ? Réponse : il ne s'agit pas d'amours au pluriel, mais d'un seul amour : Victor aime Lucie et il étend son amour à toute la famille. Vive la force d'attraction !

Voilà comment le Seigneur nous sauve : Jésus dit : « Personne ne vient à moi si le Père qui m'a envoyé ne l'attire » (Jn 6, 44). Il dit aussi : « Quand j'aurai été élevé de terre j'attirerai tous les hommes à moi » (Jn 12, 32). Entre le Père et le Fils, il y a une force d'attraction irrésistible, une force d'aimantation invincible, une force d'amour que ni le Démon, ni la mort n'ont pu inverser. C'est en communiant à Jésus, en nous agglutinant autour de Jésus que nous sommes à notre tour aimantés vers le Père. De plus, comme dans l'histoire de Victor et Lucie, celui qui aime le Christ pour de bon ne peut pas refuser d'aimer les hommes qui sont la famille du Christ. Même s'ils sont laids, méchants et ennuyeux, l'amour doit les transfigurer un peu. Un saint François et une sainte Mère Teresa peuvent trouver un lépreux attirant ! Un père Guy Gilbert peut trouver un loubard sympathique, un visiteur d'hôpital n'arrive plus à quitter ses malades ! Vive la force d'attraction !

Dans sa très sérieuse Somme Théologique, il arrive à saint Thomas d'Aquin de s'amuser un peu. Ainsi il pose la question : pourquoi, le jour du baptême de Jésus le Jourdain était à cet endroit très poissonneux ? C'est parce que la lumière attire les poissons ! Vive la force d'attraction !

«C'est parce que la lumière attire les poissons !...»
saint Thomas (...Taquin)

170. Être appétissant

Comment devenons-nous nous-mêmes attirants ? Est-ce en soignant notre look ? en apprenant la rhétorique ? en perfectionnant l'art de communiquer ? Tout cela peut aider.

Le saint-père Benoît XVI, dans une de ses premières homélies de pape, posait la question : « Qu'est-ce qui dans le monde créé est le plus important ? » On se demande : le soleil ? l'oxygène ? l'eau ? Il répondait : « C'est l'âme de chaque personne parce qu'elle est immortelle. » Cette âme a besoin d'être nourrie. Rien ne peut la rassasier que Dieu lui-même. Elle est *capax Dei*, dit saint Augustin, « capable de Dieu ». En français, on peut faire ce jeu de mots : âme — amour. Or, justement, le Seigneur Amour en personne se donne sous la forme de pain. « C'est moi qui suis le pain de vie ; celui qui vient à moi n'aura plus jamais faim » (Jn 6, 35).

Un jour, un paroissien malicieux, qui est aussi mathématicien de haut vol, me dit : « Jésus n'a pas voulu transformer des pierres en du pain, c'est bien écrit dans l'Évangile, mais en vous voyant sortir de la boulangerie l'autre matin avec votre baguette, je me suis dit que ce pain-là allait bel et bien devenir Pierre. » C'est vrai, les aliments deviennent nous-mêmes. J'aime bien faire râler certains amis un peu végétariens en leur disant que la raison d'être métaphysique d'une dinde, c'est de servir la joie de toute une famille à l'occasion de Noël. Une gallinacée ne peut pas rêver mieux que de finir au service de l'unité d'une famille, qui plus est dans le cadre de la célébration de la naissance du Fils de Dieu parmi nous ! Bref, les aliments que nous consommons deviennent nous-mêmes. Mais quand il s'agit de l'hostie, du pain consacré, c'est le contraire qui se passe. Nous sommes transformés en ce Pain de Vie qui est Jésus lui-même. Un autre paroissien, moins mathématicien mais tout aussi malicieux, me racontait avec un plaisir non dissimulé ce qu'il avait dit un jour, à la sortie de la messe, à la religieuse qui venait de lui donner la communion :

« Ma sœur, je vous remercie beaucoup.

— De quoi me remerciez-vous ?

— De m'avoir donné la communion.

— Mais je n'y suis pour rien.

— Mais si : vous m'avez transformé en tabernacle » !

Que le Seigneur nous fasse à tous la grâce d'être « aimants ».

13
Jésus au quotidien

I. La prière de demande

171. Est-il raisonnable de prier pour la pluie ?

Dans ce village du Sud de la France, perdu dans les garrigues, c'était la désolation. Depuis deux mois, il n'était pas tombé la moindre goutte d'eau. Les réserves de chaque maison étaient à sec. Les fontaines ne coulaient plus. Le maire avait été obligé de faire venir régulièrement un camion-citerne. Les jardins dépérissaient. Les hommes économisaient l'eau pour le pastis. Le conseil municipal décida de faire une requête auprès de M. le curé. Tous les membres n'étaient pas des mécréants mais bien peu étaient pratiquants. L'urgence cependant était telle qu'il ne fallait négliger aucune solution. M. le curé voulut bien organiser une messe pour la pluie ainsi qu'une procession. Le dimanche suivant, la petite église était pleine à craquer. La chorale avait doublé les répétitions. Le sacristain aidé de son épouse et de quelques autres femmes avait balayé, enlevé les toiles d'araignée, astiqué, passé la serpillière. Ils avaient aussi fleuri avec des roses et des glaïeuls qui n'avaient pas encore séché sur pied. Le chant d'entrée éclate. Les enfants de chœur s'avancent en procession. M. le curé encense l'autel et fait bientôt le signe de la croix. Ensuite, il prend la parole : « Mes frères, je suis heureux de vous voir si nombreux ce matin. Mais je suis déçu de voir que vous n'avez pas la foi. Je constate en effet qu'aucun d'entre vous n'a apporté son parapluie. »

172. La puissance de la prière

Il y avait aux États-Unis, dans le Sud profond, une ville très pieuse et religieuse où tout le monde allait à l'église et était vertueux. Et puis un jour, un homme arriva qui ouvrit un bar, lequel devint le lieu de toutes sortes de conduites dépravées. Tous ces bons chrétiens firent des prières pour la fermeture du bar. Ils firent le siège du Ciel, et de fait, six mois plus tard, le bar brûla. Le propriétaire exigea des chrétiens une indemnisation. Ces derniers nièrent toute responsabilité : qu'avaient-ils fait ? « Suis-je le seul ici, répliqua-t-il, à croire à la puissance de la prière ? »

Jésus nous exhorte à demander : « Demandez et vous recevrez ; cherchez et vous trouverez ; frappez et l'on vous ouvrira » (Mt 7, 7). Il faut absolument que nous devenions de plus en plus pressants. On commence par simplement demander, et si ça ne marche pas, il faut insister, et finalement peut-être il va falloir tambouriner sur les portes du Ciel. Dieu pourrait fort bien ne pas donner si nous nous bornons à demander par habitude, mécaniquement. Il veut nous voir désirer passionnément. Il ne s'agit pas de mettre la pression sur Dieu. C'est impossible. Nous ne prions pas pour changer l'attitude de Dieu à notre égard, mais pour changer notre attitude vis-à-vis de Dieu. Dieu est éternel, et par conséquent la totalité du temps Lui est présente. Si nous prions pour réussir un examen, ce n'est pas en vue de mettre la pression sur Dieu pour que tout à coup Il remplisse le cœur de l'examinateur de bienveillance à notre égard. Dieu est éternel, et savait donc de toute éternité que nous allions prier pour réussir cet examen ; Il savait aussi si oui ou non nous le réussirions. Nous ne prions pas dans le but de manipuler l'histoire et de la plier à notre volonté, mais parce que Dieu souhaite que nous recevions les choses comme répondant à nos prières, et que nous les reconnaissions comme des dons.

II. Comment rester dans la joie ?

173. Comme si Dieu n'existait pas !

La Parole de Dieu nous indique les deux sources fondamentales de la joie. La première : « Exulte, fille de Sion, car le Seigneur est en toi ! » (So 3, 14-15). Nous sommes joyeux parce que le Seigneur est au milieu de nous. Le Fils de Dieu est devenu l'un de nous et il l'est pour toujours. La deuxième : « Soyez dans la joie, je vous le redis, soyez dans la joie, parce que le Seigneur est proche » (Ph 4, 4-5). Il vient nous prendre avec lui ; il a le pouvoir de nous introduire dans la maison du Père pour une éternité de gloire : il l'a prouvé en ressuscitant d'entre les morts.

Seulement voilà : nous vivons dans une société qui n'a rien à faire de la présence du Seigneur ; quant à l'éternité de gloire, le matérialisme pratique en a fait oublier jusqu'à l'idée. Quand on a bouché à ce point les deux sources de la joie, il est normal de ne pas être joyeux : morosité, tristesse, désespérance sont le lot d'aujourd'hui, c'est le contraire qui serait étonnant. Pour le dire avec la gravité de Benoît XVI, nos sociétés se sont organisées comme si Dieu n'existait pas. Et cela, au prix d'un énorme mensonge qui n'est viable que parce qu'il flatte notre orgueil. Mais tout le monde sait bien que c'est un mensonge, parce qu'il s'oppose à un certain nombre de vérités qui sont inscrites en nous, et que chacun de nous peut retrouver immédiatement dans son cœur dès qu'il échappe quelque peu à la propagande ambiante, parce qu'elles sont notre nature même et l'expression de sa plus haute dignité : Dieu parle toujours au plus secret de notre cœur. L'Évangile nous apprend quelques vérités.

174. Quatre vérités inscrites dans tous les cœurs

La première vérité : « Voici qu'il vient derrière moi, celui qui est plus puissant que moi, et je ne suis pas digne de défaire la courroie de ses sandales » (Jn 1, 27). N'importe qui sait que Dieu est plus puissant que nous. Dans toutes les cultures, et sous toutes les latitudes, la grandeur de Dieu a été reconnue. Même un enfant de 3 ans le comprend : Dieu est plus grand. Une catéchiste avait remis à chacun des enfants une grande feuille de papier blanc en leur disant : « Tâchez d'exprimer par un dessin la façon dont vous vous

...andeur de Dieu. » Un enfant rend sa feuille toute blanche... ...? Où est ton dessin ? » « Je n'ai pas su, répond l'enfant. Le ...milieu, c'est moi. Et Dieu, il est tout autour, partout. » La joie, c'est ...ue l'on peut toujours compter sur plus grand.

La deuxième vérité concerne le jugement dernier. Tous savent, même les plus endurcis, que le mal devrait être puni, et que le bien devrait être, au moins à la fin, récompensé. Ce sens de la justice est si fort que c'est lui qui a guidé les premières croyances en l'au-delà, et même les esprits les plus rationalistes de l'époque moderne ont dû postuler également l'autre monde pour honorer cette exigence fondamentale de justice. Le chemin de la joie, c'est anticiper sur les conséquences de ses actes. Sans Jésus, nous ressemblons à cet homme qui, hélas, buvait. Un jour, il dévale une rue avec des enflures aux deux oreilles. Un ami lui demande ce qui lui est arrivé pour avoir ces enflures :

« Ma femme a laissé son fer à repasser branché et quand le téléphone a sonné, j'ai pris le fer à repasser au lieu de prendre le téléphone.

— Oui, mais l'autre oreille ?

— Figurez-vous que cet imbécile a rappelé ! »

Moralité : chaque fois que nous péchons, c'est à nous-mêmes que nous faisons du tort.

La troisième vérité définit clairement le bien et le mal. C'est la règle d'or que tous les peuples ont formulée. « Ce que tu voudrais que les autres fassent pour toi, fais-le d'abord pour eux. » Cela, c'est le bien. « Ce que tu ne voudrais pas que les autres te fassent, toi non plus ne le fais pas contre eux. » Cela, c'est le mal. Il est touchant de voir qu'à la question des foules : « Que devons-nous faire ? », saint Jean Baptiste répond simplement par le bon sens quotidien que l'honnêteté minimale nous garantit : collecteur d'impôts, tiens-t'en au règlement ; si tu as deux manteaux alors que tu es à côté de quelqu'un qui meurt de froid, donne-lui l'un des deux ; soldats, vous avez une solde : contentez-vous de votre solde. Seulement voilà, sans Jésus, nous ressemblons à ces singes qu'on capture en Inde selon la méthode suivante : on place dans une petite boîte une noix très parfumée dont ils sont friands. La boîte est dotée d'une ouverture assez large pour qu'ils y glissent aisément la main et s'emparent de la noix, mais trop étroite pour qu'ils puissent l'en retirer sans lâcher leur prise. Nombre d'hommes, hélas, se laissent prendre à ce type de piège. Celui qui met les friandises dans la boîte devient maître de celui qui a voulu s'en emparer. Il suffit pourtant d'y renoncer pour recouvrer toute sa liberté. La joie, c'est lâcher prise, donner, se donner.

Sur ce socle fondamental de la connaissance naturelle de Dieu et de la morale immuable et universelle resplendit l'Évangile comme le diamant dans son écrin. Car nous annonçons que Dieu vient, non pour faire sentir sa puissance, mais en miséricordieuse condescendance, dans ce que les grands saints ont appelé la douce pitié de notre Dieu. Nous annonçons l'avènement du Sauveur. Il est venu prendre sur lui toute la méchanceté dont est capable le monde. Il peut alors nous pardonner en vérité et nous combler de ses dons dans la vie chrétienne. Et nous regardons désormais les autres non plus comme des ennemis mais comme des frères, parce que, comme dit le Concile — n'hésitons pas à la répéter —, la vocation humaine est unique, à savoir divine : « Par son incarnation, le Fils de Dieu s'est en quelque sorte uni lui-même à tout homme » (*Gaudium et spes*, n° 22, § 2).

III. De fil en aiguille

Le métier de passementier peut nous aider à approcher le mystère de la mort et de la vie. Le cantique du roi Ézéchias parle de la mort en ces termes : « Ma demeure m'est enlevée, arrachée comme une tente de berger. Comme un tisserand, j'ai dévidé ma vie ; le fil est tranché » (Is 38, 12). La mort est toujours un arrachement, une séparation douloureuse.

175. Le miracle des nœuds

Nos frères juifs ont cette magnifique métaphore. Chacun de nous, disent-ils, est relié à Dieu par un fil invisible. Quand nous commettons un péché, nous coupons ce fil. Quand nous demandons pardon, le Seigneur fait un nœud pour nous relier de nouveau à lui. Mais lorsque nous faisons un nœud à une ficelle, nous la raccourcissons, les deux bouts de la ficelle se rapprochent l'un de l'autre. Le « miracle » du pardon de Dieu, c'est que nos péchés sont l'occasion de nous rapprocher de lui. Cela n'est pas un encouragement à pécher, évidemment (!), mais un encouragement à demander le pardon, pour expérimenter la proximité de Dieu.

176. La broderie

Un jour une dame se plaignait au saint Padre Pio : « Ma vie ne sert à rien. Ma vie n'a pas de sens. » Le Padre Pio lui donne alors cette image : « Je vois une maman qui est assise. Elle est en train de faire un tableau de tapisserie. La petite fille joue à ses pieds. Elle voit la tapisserie par-dessous. Il y a des fils dans tous les sens. Des fils qui dépassent ici et là, des couleurs mélangées sans aucune cohérence. Et la petite dit à sa maman : "Maman, c'est pas beau ce que tu fais." Sans rien dire, la maman étale la tapisserie sur ses genoux. Elle prend sa petite fille par les aisselles et lui fait voir d'en haut. Et la petite s'exclame : "Comme c'est joli !" »

À la mort, le Seigneur prend le défunt (*de-functus* : celui qui vient de se dé-mettre de sa fonction mais pas de son être profond) par les aisselles pour qu'il voie toute sa vie comme par-dessus. Et il découvre la beauté du tissu, le fil de trame, les fils de chaîne, comment une légère meurtrissure subie à l'ourdissage avait suffi à créer un point de rupture qui n'avait pas supporté les contraintes de tension imposées par les plombs suspendus par des poulies à la couronne du métier. Et comment le passementier céleste, en allongeant d'une longueur le fil par un nœud plat, l'enfilant avec la passette dans l'œillet de la lisse et dans la dent du peigne avant de passer au fil suivant, avait réussi à poursuivre ce motif pictural multicolore du plus bel effet.

La vie ne tient qu'à deux fils : le fil de trame de la grâce de Dieu et le fil de chaîne de notre bon vouloir. Que la Vierge Marie qui avait tissé la tunique sans couture de son Fils nous obtienne du cœur à l'ouvrage.

IV. L'amour ne fleurit qu'en altitude

177. Dieu aussi le dit avec des fleurs

C'était il y a longtemps. M. le curé, après avoir célébré sa messe, quitte la sacristie avec sa vieille soutane et enfourche sa non moins vieille bicyclette. La rue est en pente assez raide et les freins de la machine roulante plutôt capricieux. La vitesse s'accélère et notre curé a tout juste le temps de faire un écart pour ne pas renverser un brave paroissien. Fou de peur et de colère, ce dernier s'apprête à lancer la plus belle insulte de sa vie, lorsque ses yeux s'arrêtent sur la pancarte de la vitrine du fleuriste voisin : « Dites-le avec des fleurs » et notre homme se met à hurler en direction du curé : « Eh ! va donc, espèce de cyclamen ! » (il aurait pu parler du « cycle… liturgique », bicyclette de M. le curé). Le cyclamen est une plante herbacée, vivace à tubercules, à feuilles cordées, à fleurs roses, pourpres, blanches ou mauves, très décoratives.

Dieu aussi le dit avec des fleurs ou des arbres : avec un buisson ardent, Il nous dit Sa transcendance et le feu de Sa Passion pour l'homme qui s'est réduit en esclavage. Avec le lis des champs, Il nous parle de Sa Providence. Avec la vigne, Il nous dit le lien intime qu'Il veut nouer avec chacun. Grâce à la tige de Jessé, Il nous annonce la nouvelle bouleversante de Son incarnation. À la faveur du glanage d'épis de blé de ses apôtres, Il nous dit que « le shabbat a été fait pour l'homme et non pas l'homme pour le shabbat » (Mc 2, 27). Avec un grain de blé, Il nous invite à ne pas rester « grain-cheux » ni « grain-galet » ni « grain-peur »… mais à nous donner sans peur et avec joie. C'est ainsi que nous prendrons de la hauteur. Et par l'arbre de vie, Il nous rappelle qu'Il se tient à notre disposition pour faire grandir en chacun de nous la vie qui ne finira jamais : la vie éternelle.

Les fleurs nous disent beaucoup de choses si on sait les écouter. Une simple pâquerette n'est pas autre chose que la totalité de l'univers en miniature, une carte de visite souriante d'un Dieu bienveillant, un signe rayonnant, à l'intérieur de la fête de notre vie, que son sourire est toujours avec nous. Les fleurs nous disent que nous ne sommes pas seulement issus d'un Big Bang aveugle, mais de la Tendresse de Dieu

Sainte Thérèse de l'Enfant-Jésus raconte dans ses *Manuscrits autobiographiques* qu'elle se posait une grande question : pourquoi sommes-nous si différents en caractère, en santé, en longévité, en sainteté ? Et voilà ce qu'elle répond :

> *Jésus a daigné me faire comprendre tout cela en mettant devant mes yeux le livre de la nature. J'ai compris que toutes les fleurs qu'il a créées sont belles, que l'éclat de la rose et la blancheur du lys n'enlèvent pas le parfum de la petite violette ou la simplicité ravissante de la pâquerette. J'ai compris*

que si toutes les fleurs voulaient être des roses, les champs ne seraient plus émaillés de fleurettes[1].

Voilà pour nos tentations de jalousie. Voilà pour l'amour tout particulier, l'amour du Seigneur très très particulier qui repose sur chacun de nous.

Dans la Bible, nous voyons le Seigneur lui-même cueillir dans la nature cette image pour porter notre regard au-delà de la mort. Le Psaume 103 (102), 15-17, par exemple, dit ceci :

L'homme, ses jours sont comme l'herbe.
Comme la fleur des champs il fleurit.
Sur lui, qu'un souffle passe, il n'est plus.
Même la place où il était l'ignore.
Mais l'amour du Seigneur
sur ceux qui comptent sur lui
est de toujours à toujours.

Le prophète Job dit également ceci : « L'être humain s'effrite comme un bois vermoulu. Il a la vie courte mais des tourments à satiété. Pareil à la fleur, il éclôt puis se fane » (Jb 13, 28 — 14, 1-2).

Écoutons le point de vue de Paul Ricœur : « Abstraitement séparées de l'expérience spirituelle qui les fonde, les valeurs sont comme des fleurs coupées dans un vase. » Le christianisme n'est pas héréditaire. Si le christianisme n'est pas héréditaire, rien ne garantit que la distinction qu'il a instaurée entre César et Dieu puisse survivre longtemps à son oubli. Les fleurs peuvent nous rappeler l'importance de l'évangélisation.

178. Délicatesse fleurie

Un témoignage : « Cette journée-là allait être pour moi un jour de grande fête. Au matin, on sonna à ma porte et je me trouvai devant un jeune livreur, les mains vides, qui me demanda si j'étais bien Mme X. Comme je répondais oui, il partit en courant jusqu'à sa voiture pour réapparaître aussitôt avec une superbe corbeille de fleurs. "Merci, lui dis-je, mais je suis navrée que vous ayez pris toute cette peine" "Oh ! ce n'est rien, madame, dit-il. Mais

1. Sainte Thérèse de l'Enfant-Jésus, *Ms A*, 2v.

les numéros des maisons sont si mal indiqués par ici qu'il est facile de se tromper, et vous ne pouvez savoir comme les gens ont l'air triste quand on leur présente un bouquet qui n'est pas pour eux. Alors je ne sors mes fleurs qu'après m'être assuré de l'identité du destinataire. Comme ça, personne n'est malheureux... et je peux dormir tranquille." »

179. Les deux géraniums

Un jour de printemps, une dame avait acheté deux géraniums et les avait disposés sur le bord de la fenêtre de la cuisine (on dit que le géranium éloigne les insectes). Chaque jour elle les arrose, elle les caresse, elle leur parle amoureusement. Cependant, un des deux grandit plus vite que l'autre. La différence se remarque rapidement ; d'ailleurs, il a aussi plus de fleurs. Et le plus petit des deux s'inquiète : dans son cœur s'insinuent le doute et le soupçon : s'il grandit moins vite, c'est qu'il est moins aimé... Alors, pour rattraper son retard, il s'étire, il s'allonge tant qu'il peut. Mais à force de s'étirer, ses fleurs se dessèchent et tombent, ses tiges deviennent jaunes. Et finalement, même ses racines sèchent... et il meurt. Il ne savait pas qu'il était en fait un magnifique géranium nain et que l'autre était un géranium grimpant. Il n'avait pas su s'accepter, et surtout il n'avait pas su comprendre qu'il était autant — sinon plus — aimé que son voisin. Voilà pour l'amour très particulier du Seigneur qui repose sur chacun de nous.

180. Vers la résurrection

La mort effraie. Nous perdons nos facultés. Il nous semble que nous perdons tout. En fait nous entrons dans un processus de résurrection. La vie n'est pas détruite, elle est transformée... Nous savons bien qu'une graine d'œillet d'Inde ne donnera pas un lupin, qu'un bulbe de tulipe ne donnera pas un glaïeul, qu'un bulbe de dahlia ne donnera pas un plant de pomme de terre. Cela signifie qu'ici-bas nous ne pouvons pas dire grand-chose de notre vie de ressuscités. Il y a, entre notre corps glorieux et notre corps actuel, la même différence qu'il y a entre le grand chêne et le gland. Tout l'arbre est bien contenu dans la graine mais quelqu'un qui n'aurait jamais vu le résultat de la germination et de la croissance ne pourrait pas se faire une idée très précise seulement à partir de la semence. Cela signifie que dans le monde de la Résurrection, nous ne perdrons pas notre personnalité. Nous nous reconnaîtrons. Mais dans une lumière dont nous n'avons pas idée actuellement.

181. Que vendez-vous ?

Est-ce qu'il est important de savoir qu'un jour nous ressusciterons ? Oui, parce que nous comprenons dans quoi il nous faut investir chaque jour : dans l'amour. Un jeune homme entre en rêve dans un grand magasin. Derrière le comptoir se tient un ange qui fait office de vendeur. « Que vendez-vous ? » lui demande le jeune homme. « Tout ce que vous désirez », répond l'ange avec courtoisie. Alors le jeune homme se met à énumérer : « J'aimerais bien : la fin des guerres dans le monde, plus de justice pour les exploités, de la tolérance et de la générosité envers les étrangers, davantage d'amour dans les familles, du travail pour tous les chômeurs, plus de vie communautaire dans l'Église, et... et... » L'ange lui coupe la parole : « Excusez-moi, monsieur, vous m'avez mal compris : ici, nous ne vendons pas de fruits, nous ne vendons que les graines. »

Dieu lui-même est venu sur terre comme une semence, un ferment, un germe minuscule. Une semence est toujours un miracle. Même l'arbre le plus grand naît d'une toute petite graine. Notre cœur est un jardin ensemencé de valeurs, de vérité et de beauté. À nous de les laisser grandir.

V. C'est au pied du mur que l'on voit le maçon

182. Bâtisseurs de cathédrale

Jésus nous dit : « Dans la maison de mon Père beaucoup peuvent trouver leur demeure ; je pars vous préparer une place » (cf. Jn 14, 2). Jésus a travaillé dans le bâtiment. Quand il veut nous parler de l'au-delà, il parle de « maison », de place chez son Père. Comme on dit : « Qui bâtit pâtit. » Mais « quand on sait faire quelque chose de ses mains, on a les pieds sur terre ».

Un jour, un homme passait devant trois tailleurs de pierre. Au premier qu'il rencontre il demande : « Que faites-vous ? » Et l'homme répond : « Je gagne ma vie. » S'approchant du second, il pose la même question : « Que faites-vous ? » Et l'homme répond : « Je taille une pierre, pardi ! » Au troisième, il demande aussi : « Que faites-vous ? » Et celui-là répond : « Je bâtis une cathédrale. » Nous ne sommes pas ici-bas par hasard mais nous participons, quels que soient nos vocations, nos talents, nos situations à une œuvre éternelle. De le savoir, cela donne du souffle, de l'envergure, de la hauteur à nos petites occupations, à nos journées. Dans le monde d'aujourd'hui, écartelé d'excès, de complexités et parfois d'absurdités, n'est-ce pas extraordinairement enthousiasmant de savoir que nous avons vocation à être, dans la banalité apparente de nos vies, des bâtisseurs de cathédrales ?

Cette cathédrale n'est même pas une œuvre à réaliser, c'est d'abord une réponse à donner à Dieu. Ce qu'il restera de nous, quand notre corps et notre âme auront basculé en Dieu, c'est la charité, l'affection, l'attention, la générosité, le service, la tendresse, l'inventivité dans le don de nous-mêmes, la bienveillance avec laquelle nous regardons les autres. Dieu né de Dieu, Lumière née de la Lumière, Jésus a été artisan pendant vingt ans pour nous dire comment son Père s'y prend pour que nous devenions ses enfants. J'aime à penser qu'en bon charpentier il nous choisit, nous travaille, nous assemble avec précision et pour une œuvre qui nous dépasse. Aurons-nous assez de docilité pour le laisser réaliser son œuvre en nous ?

183. Moellons, pierres ou briques, se laisser construire

Un prêtre avait été surnommé par ses confrères le curé bâtisseur parce que, dans toutes les paroisses où il avait été nommé, il avait dû construire presbytères et maisons paroissiales. C'est très volontiers qu'il prenait la truelle, le fil à plomb et la taloche. C'est sans doute un peu pour cela qu'il aimait bien rapporter une prière qui l'avait beaucoup ému. Il visitait régulièrement une personne âgée, malade. Un jour, cette dame entièrement dépendante lui dit : « Monsieur le curé, vous ne savez pas ce que je dis au bon Dieu ? Je lui dis : Maintenant, je suis devenue une pierre. Mais vous, Seigneur, vous êtes un bon maçon. Alors, la pierre que je suis, prenez-la, taillez-la, mettez-la à votre façon ! » Le père Michel Quoist a composé celle-ci[1] :

> *Le maçon posait le moellon sur le lit de ciment. D'un geste précis de sa truelle, il lui jetait une couverture. Et sans lui demander son avis couchait*

1. Michel Quoist, *Prières*, Paris, Les Éditions ouvrières, 1954, p. 37.

par-dessus un nouveau moellon. À vue d'œil, les fondations montaient. La maison pourrait s'élever haute et solide pour abriter des hommes. J'ai pensé, Seigneur, à ce pauvre moellon enterré dans la nuit au pied du grand immeuble. Personne ne le voit mais il fait son travail et les autres ont besoin de lui. Seigneur, qu'importe que je sois au faîte de la maison ou dans les fondations pourvu que je sois fidèle, bien à ma place, dans la construction du Royaume de ton Père.

Dieu nous révèle qu'Il nous veut « à son image et à sa ressemblance ». Nous pouvons donc devenir enfants de Dieu, habitants des Cieux ! Mais reconnaissons que nous Lui donnons beaucoup de mal. Nous n'acceptons pas facilement d'être modelés, travaillés. Faisons un peu de philosophie : nous « pouvons » devenir enfants de Dieu. Cependant, le verbe « pouvoir » a deux sens. Premier sens : « un grain de blé peut devenir un épi », « un pépin de pomme peut devenir un pommier », « un agneau peut devenir une brebis ». Ce sont des possibilités « naturelles ». Mais il y a un deuxième sens. Qu'une planche devienne une fenêtre, ce n'est pas naturel : il faut tout le savoir-faire du menuisier ; qu'un bloc de granit devienne une belle clef de voûte, ce n'est pas une possibilité naturelle : il faut tout l'art du tailleur ; que du pétrole devienne un beau colorant pour textile, il faut tout l'art du chimiste. Nous pouvons devenir habitants des Cieux, à l'image et à la ressemblance de Dieu, mais dans le deuxième sens du mot « pouvoir ». Ce n'est pas une évolution naturelle, inéluctable. Il faut se laisser travailler par la grâce. C'est le rôle de la prière, de la Parole de Dieu, des sacrements, en particulier l'eucharistie et la confession, et enfin de la confiance en la Vierge Marie.

Au fond, la mort, c'est tous les jours que nous avons à nous y exercer en vivant le détachement, l'abandon, le lâcher-prise, la confiance, la docilité. Puissions-nous être le plus disponibles possible entre les mains de Notre Père des Cieux.

VI. Pour une bouchée de pain

184. Le pain dans tous les sens

Autrefois on n'entamait pas de pain sans y tracer le signe de la croix avec la pointe du couteau. Le pain a été la nourriture de base pendant des siècles.

C'est sans doute pour cela qu'on trouve le mot « pain » dans de nombreux proverbes français.

Aujourd'hui on recherche de temps en temps un bon pain de seigle. Et du coup on savoure moins l'expression « manger son pain blanc le premier ». Le pain noir se conservait mieux mais il n'était pas si bon. Pour notre vie chrétienne, cette expression ne convient pas. Le pain blanc est toujours à venir. Les apparences sont trompeuses : les forces physiques diminuent, la démarche ralentit, la mémoire joue des tours. Cependant nous savons, grâce à Jésus, que nous n'allons pas vers un effondrement, mais vers un épanouissement. À la mesure de notre foi et de la grâce du Seigneur. Le pain exprime aussi cette indispensable droiture de vie. Un chrétien doit aller à contre-courant de certains procédés, comme on dit : « Je ne mange pas de ce pain-là. » Et il faut parfois beaucoup de charité pour ne retirer à personne le pain de la bouche. Pourquoi ne met-on jamais le pain à l'envers ? J'ai recueilli deux explications. La première : parce que je ne le gagne pas à l'envers. La deuxième : à l'époque où il y avait encore beaucoup d'exécutions capitales et où il y avait donc des bourreaux, cette profession sinistre avait chez le boulanger son pain réservé. Pour le reconnaître on le retournait. Ne pas mettre son pain à l'envers voudrait donc signifier son désir de n'attenter en rien à la vie, à la santé, au bonheur, à la réputation d'autrui. Dans une journée, il y a du pain sur la planche quand il faut être à la fois au four et au moulin, à la maison et au bureau, à la crèche et au supermarché. Mais il y a aussi beaucoup de joie à gagner son pain à la sueur de son front. Le pain est meilleur quand on l'a transpiré. Le travail et les soucis ne sont rien quand on s'épaule, quand on les porte ensemble. Mais quand arrivent le deuil et la maladie, on peut ressentir les heures longues comme un jour sans pain, et peut-être a-t-on l'impression d'être mis au pain sec. Cette énumération d'expressions populaires peut nous faire comprendre pourquoi Jésus parle si souvent de pain.

185. Jésus et le pain

Au désert, Jésus a repoussé la tentation de transformer les pierres en pain. Parce que, a-t-il expliqué, « l'homme ne vit pas seulement de pain mais de toute parole venant de la bouche de Dieu » (Mt 4, 4 et paral.). Jésus sait bien que quand on a tout ce qu'il faut sur le plan matériel, il nous est très difficile de penser que nous avons aussi une âme, un cœur profond, à nourrir.

Que de fois nous prononçons la demande du Notre Père : « Donne-nous aujourd'hui notre pain de ce jour ! » Il s'agit de la nourriture nécessaire pour notre corps bien sûr. Il est indispensable de bien entretenir notre vie biologique. Mais il s'agit aussi de la nourriture spirituelle. Jésus dit qu'il est « le Pain vivant descendu du Ciel » (Jn 6, 51).

Rappelons-nous aussi l'épisode où Jésus est interpellé par les pharisiens sur le fait que ses apôtres enfreignent la loi du shabbat en ramassant des épis de blé pour tromper leur faim. Une fois encore nous admirons le sens de la répartie de Jésus et sa connaissance des Écritures. Il les avait méditées longuement. Il s'était fait des provisions dans lesquelles le Seigneur Esprit Saint pouvait puiser facilement avec beaucoup d'à-propos. Cette histoire de pains de l'offrande mangés malgré tout en cas de nécessité nous rappelle ce fait qui s'est passé au Brésil. Des prêtres d'une ville en se parlant avaient débusqué le manège d'un enfant : chaque matin avec beaucoup d'organisation, il faisait le tour des églises pour communier aux messes du matin. Il recevait ainsi plusieurs fois l'hostie. Un prêtre l'interpelle un jour et lui demande pourquoi il communie ainsi plusieurs fois. « Ce n'est pas respectueux de l'eucharistie. Une seule fois par jour suffit. » L'enfant l'écoute et lui répond simplement : « J'ai faim. » Comme du temps de David, comme du temps de Jésus et ses apôtres, un manque de respect de la règle de la part des autres débusque nos propres responsabilités : ils respecteraient la règle si nous avions fait ce qu'il fallait pour qu'ils n'aient pas faim.

Alors, comme disent les chiffonniers d'Emmaüs de l'abbé Pierre, avant chaque repas : « Seigneur, donne du pain à ceux qui ont faim et donne faim à ceux qui ont du pain ».

VII. L'argent

186. L'argent est-il à sa place ?

Jésus parle souvent de l'argent. Il dit que c'est un bon serviteur mais un mauvais maître. Pour en faire bien comprendre la dangerosité quand il devient une idole, il le personnifie en l'appelant « Mammon ». « Vous ne pouvez pas servir à la fois Dieu et Mammon » (Mt 6, 24 ; Lc 16, 13). Il faut choisir. On a un peu oublié ce mot. Autrefois, on l'employait plus volontiers. C'était un beau clin d'œil à l'Évangile. C'est ainsi qu'un jour un prêtre avait été invité dans une famille. Comme il était très ami avec le père de famille, il le plaisantait facilement. La discussion vient sur l'argent. L'invité fait remarquer à son ami qu'il sert trop bien Mammon. Mais c'est tout à fait gentil. L'ami se tourne vers le petit de la maison qui est en train de jouer sur le tapis du salon pendant que les grandes personnes se charrient : « Dis, Pierre-François, c'est bien vrai que ton papa, il aime bien Mammon ? » Le petit qui n'était pas dans la conversation lui répond : « Oh, y'a bien des moments que ça barde ! » (il avait compris « maman » au lieu de « Mammon »).

187. Histoires juives

Les Juifs — saint Jean-Paul II les appelait « nos frères aînés », Benoît XVI « nos pères dans la foi » — ont la réputation de bien réussir en affaires. On sait aussi qu'ils manient avec dextérité l'autodérision pour débusquer nos travers en ce qui concerne l'argent. Quelques histoires pour le prouver.

M. Feinman est un très vieux monsieur en phase terminale. Depuis plusieurs jours, il est au fond de son lit, toujours somnolent. On appelle tous ses enfants. Et — ô miracle — il ouvre les yeux et les reconnaît tour à tour : « Oh, Esther ! Oh, Rachel ! Oh, David ! Oh, Samuel ! Oh, Jacob !... mais qui garde le magasin ? » (!) Quelle est notre préoccupation : la Vie éternelle ou la pérennité de nos œuvres ?

Mendel le SDF frappe à la porte de Mme Ginsburg : « Madame, je n'ai rien mangé depuis trois jours. » « Oh ! le pauvre ! Il faudrait faire un petit effort ! » (!) Quel degré de mauvaise foi suis-je capable d'atteindre pour me défiler de mes devoirs envers les pauvres ?

Un proverbe yiddish dit : « Si vous avez de l'argent plein les poches, vous êtes intelligent, vous êtes séduisant et vous avez une belle voix. » Est-ce que l'argent ne fausse pas trop mon jugement ?

Un homme très riche était venu chez le rabbi, afin qu'il le conseille.

« Que manges-tu ? lui demanda le rabbi.

— Oh ! Je mange de façon très frugale : du pain, du sel et de l'eau me suffisent.

— En voilà une idée, gronda le rabbi. Vous devez bien manger et boire du bon vin puisque vous êtes riche. »

Le visiteur ne partit qu'après avoir promis de se conformer à la recommandation. Les disciples, étonnés, demandèrent la raison de cette étrange consigne. « S'il mange de la viande, il saura que les pauvres ont besoin de pain. Alors que s'il se nourrit de pain lui-même, il va s'imaginer que les pauvres doivent manger des pierres ! » Les Petits Frères des Pauvres vont jusqu'à offrir des bijoux à leurs protégés. Que veulent-ils nous rappeler ?

En fait, tous les peuples ont leurs blagues. On raconte à Varsovie qu'un Russe et un Polonais se promenant ensemble dans une rue trouvent par chance un sac plein de dollars. Ils sont émerveillés. « Je propose, dit le Russe, que nous partagions en frères. » « Je préférerais moitié-moitié », dit le Polonais. Ne fait-on pas supporter à un frère ce qu'on refuse de faire supporter à un étranger ?

Il y a une différence entre inconvénient et danger. Jésus ne dit jamais que la richesse est un inconvénient : elle peut effectivement nous permettre de faire beaucoup de bonnes choses. Mais il en dénonce les dangers : elle peut nous empêcher de réussir notre vie !

14
Jésus nous prépare au Ciel

I. Les signes de l'amour

188. Les quatre éléments qui composent chaque personne

Les calculs scientifiques nous apprennent qu'il y a eu sur la terre jusqu'à présent à peu près cent milliards d'êtres humains, sept milliards vivent actuellement et quatre-vingt-treize milliards sont morts. Notre terre ne serait-elle qu'un vaste tombeau ? Pour répondre à cette question, nous avons d'abord à nous émerveiller. « Je vis ! On est vivant ! » Il y a des milliards de mondes qui nous entourent mais il n'y a aucune trace de vie... Dans cet univers infini, il y a une toute petite goutte d'eau, la terre, qui tourne autour d'une petite flamme qui s'appelle le soleil ; et sur cette « goutte d'eau » il y a la vie ! Cette vie est menacée par les pollutions (eau, air, terre), par les maladies (aux niveaux physique et psychique), et aussi par la mort spirituelle (péché). En effet, chacun de nous est un corps, mais aussi une âme et un esprit. Nous sommes faits de quatre éléments :

— le corps : élément chimique organique accessible à la science : il reste inanimé après que l'âme l'a quitté (à la mort) ;

— l'âme végétative comprend la nutrition, la respiration, la reproduction, etc. ;

— l'âme « sensible » comprend les cinq sens externes et la mémoire, l'imagination, l'affectivité ;

— l'esprit ou âme « spirituelle » : c'est l'intelligence et la volonté, le sanctuaire intime, le lieu de la présence divine, la réceptivité à l'Esprit de Dieu.

189. L'âme est la « forme du corps »

Au cimetière de Saint-Laurent à Rome, on peut lire : « Nous étions comme vous, vous serez comme nous. » Cela ne doit pas nous faire peur. Cela nous protège de l'orgueil et de l'arrogance. En effet comme pour le Christ, nos corps sont destinés, par une transformation radicale, à la résurrection glorieuse. Le concile de Florence définit que « l'âme est la forme du corps ». La « forme » est ce qui donne l'information. « Je suis une information vivante », c'est la même chose que de dire : « Je suis une âme. » Voici une comparaison pour comprendre. Il vous est sûrement arrivé de passer dans une ville comme Le Puy-en-Velay ou Lyon, dans un quartier historique. Un jour, vous voyez avec peine que l'on a détruit une maison du XVIIIe siècle. Quel dommage ! On a mis des étais pour que les deux maisons d'à côté ne s'écroulent pas. Un an plus tard, vous repassez. Voilà la maison reconstruite ! L'architecte explique alors : « Oui, tout a été démoli mais on a rebâti parce qu'on avait l'information, les plans : on a creusé des caves très profondes, on a mis des isolations thermiques, on a farci d'électronique, de domotique. » Eh bien, cette maison, c'est nous ressuscités. La mort va tout démolir, mais il va rester le plan, l'information. C'est notre âme, « une information vivante ». N'allez pas penser cependant que nous serons bourrés d'électronique (!).

190. Comment nous reconnaîtrons-nous ?

Ce sera mieux que cela, en fait. Au Ciel, nous nous reconnaîtrons par les *signes de l'Amour*. De quoi s'agit-il ? Pensons à l'apôtre saint Thomas : il est le plus croyant des apôtres parce qu'il ne demande pas de voir le visage du Christ mais les signes de sa crucifixion. Il a touché l'humanité et il a confessé la divinité. Au Ciel, nous nous reconnaîtrons par les signes de l'Amour. Écoutons le témoignage d'un ami prêtre : « J'entendrai longtemps les bruits des talons de ma maman qui court vers un métro alors qu'elle nous a laissés, mes frères et moi, chez la nounou. Elle était pressée mais elle se retournait encore pour nous faire un petit coucou. » Si nous cherchons bien, nous avons tous des témoignages de ce genre sur nos défunts : « Mon père était représentant de commerce ; il ne revenait que le vendredi soir, mais il nous appelait tous les soirs au téléphone et il nous rapportait toujours un petit cadeau. » « Je la revois approuver de son sourire alors qu'elle ne pouvait plus parler depuis trois semaines » « Ma maman allait toujours lui ouvrir les portes du garage pour qu'il parte plus vite » (c'était un pompier ; ce geste en disait long : tu me manques chaque fois que tu es "bipé" mais j'aime que ta passion soit de porter secours aux autres).

Les signes de l'amour, c'est quelque chose ! Même sainte Thérèse de l'Enfant-Jésus était « jalouse » de sainte Marie Madeleine qui avait pu baigné les pieds de Jésus de ses larmes et les avait essuyés de ses cheveux.

Nous sommes sur terre pour apprendre à aimer et tout est bon pour cela. Dieu se sert de tout pour cela, y compris de nos faiblesses, de nos erreurs, de nos épreuves. Il y a un travail à faire sur soi pour aimer et devenir aimable. À l'Esprit Saint « qui est Seigneur et qui donne la Vie », il faut demander en permanence l'intelligence parce qu'on est des cruches et la volonté parce qu'on est des mous. Il faut compter sur la grâce de Dieu dans les sacrements de la messe et de la confession.

Une sociologue allemande a écrit avec malice que les gens du Moyen Âge vivaient beaucoup plus longtemps que nous ! En effet, nous avons une espérance de vie de 80 ans. Eux vivaient quarante ans et toute l'éternité ! Non, la terre n'est pas qu'un vaste tombeau. C'est un aéroport, une piste d'envol pour mettre sur l'orbite de l'éternité ceux dont l'ambition est de devenir des saints, des êtres qui finiront par ne faire qu'aimer et se laisser aimer.

II. La mort apprivoisée

191. La mort a de quoi effrayer...

Le Nouveau Testament nous dit que Jésus a vaincu la mort. Pourtant, la mort semble toujours victorieuse. C'est toujours elle qui semble avoir le dernier mot. Comment aborder la question ?

Nous devons être d'une très grande humilité devant la mort. Non pas la soumission des esclaves ou des prisonniers, mais la souveraine humilité des enfants de Dieu. Une anecdote souriante dit bien que le chrétien devant la mort n'a pas forcément une attitude héroïque ou stoïque. La mort n'avait pas fait perdre son sens de l'humour à Eugène Labiche. Alors qu'il était sur le point d'expirer, son fils, qui venait de perdre sa femme, lui souffla à l'oreille : « Papa, puisque tu vas revoir Madeleine, dis-lui que je l'aime toujours. » « Tu ne pourrais pas faire tes commissions toi-même ? » soupira Labiche.

Nous ne faisons pas les malins car il n'y a rien en nous qui nous permette a priori de triompher de la mort. Le Christ l'a vaincue, et à la mesure de notre unité avec le Christ, nous participons aussi à sa victoire sur la mort. On chante le jour de Pâques : « La mort et la vie se sont affrontées en un duel prodigieux ; le Prince de la Vie qui était mort règne vivant. » Le Christ a traîné la mort dans son cortège triomphal, comme dit saint Paul. La bête sauvage est pour ainsi dire domestiquée, muselée. Il la tient en laisse. Il l'a intégrée à son plan de salut ; elle est un peu dans l'Église, avec nous, au point que saint François d'Assise a pu chanter dans le Cantique des créatures : « Béni sois-tu, mon Seigneur, pour notre sœur la mort corporelle. » Heureux celui qui la trouve dans la paix de l'Église.

192. ... mais Jésus l'a « domestiquée »

Saint Jean l'a très bien montré au début de son évangile. Jésus dit à Nathanaël : « Vous verrez des choses plus grandes encore ; vous verrez les cieux ouverts et les anges de Dieu monter et descendre au-dessus du Fils de l'homme » (Jn 1, 50-51). Dans l'Église il y a un perpétuel va-et-vient de notre foi entre les choses au-delà de la mort et les choses en deçà. En particulier dans la liturgie, puisque nous communions au Corps ressuscité qui est au Ciel la source de la vie bienheureuse des élus. Nous sommes tantôt là-bas et tantôt ici, plus là-haut ou plus ici-bas selon les moments, les activités, les circonstances ; notre demeure est plutôt là-bas, ou plutôt ici, selon que nous sommes morts ou vivants. Lors des obsèques du premier ministre Pierre Bérégovoy, à Nevers, une de ses filles a lu ce poème attribué à William Blake :

> *C'est cela la mort : Je suis debout au bord de la plage. Un voilier passe dans la brise du matin et part vers l'océan. Il est la beauté, il est la vie. Je le regarde jusqu'à ce qu'il disparaisse à l'horizon. Quelqu'un à mon côté dit : « Il est parti ! » Parti vers où ? Parti de mon regard, c'est tout ! Son mât est toujours aussi haut. Sa coque a toujours la force de porter sa charge humaine. Sa disparition totale de ma vue est en moi, pas en lui. Et juste au moment où*

> *quelqu'un près de moi dit: « il est parti », il y en a d'autres qui, le voyant poindre à l'horizon et venir vers eux, s'exclament avec joie: « Le voilà ! » Il n'y a pas des vivants d'un côté et des morts de l'autre. Il y a des vivants des deux côtés, d'une autre façon.*

La mort a été engloutie par la vie: on comprend alors qu'au lieu d'être un trou noir ou un tunnel vide, la mort est complètement submergée par la vie, qui va et vient aussi dans le tunnel. Elle garde encore son apparence un peu hideuse, cette grande sœur redoutable, pourtant nous ne devons plus en avoir peur. Nous ne devons pas la considérer comme absolument étrangère, injuste ou indue: au contraire, elle fait comme partie de la dotation chrétienne que nous recevons au baptême. Nous devons donc peu à peu l'apprivoiser au long de notre vie. Le fauve est calmé par son dompteur: comme un enfant tendrait la main vers le lion pour caresser sa crinière, nous pouvons nous en approcher doucement, la regarder, tandis qu'il la tient à la chaîne au milieu de nous. La mort ne peut plus nous faire de mal: elle permettra seulement à notre foi de poser l'ultime acte de confiance qui nous mérite la récompense du face-à-face éternel; elle sera comme l'écrin de notre plus grand amour ici-bas, qui est de donner sa vie pour ceux qu'on aime.

Autre petite anecdote souriante: un ami prêtre déjà âgé, quand on lui posait la question, disait: « La mort ? Je me jetterai dans les bras du bon Dieu. » Ce à quoi un autre ami prêtre, du même âge que lui, ajoutait ce conseil: « Ne loupe pas ton coup, parce que tu tomberais de haut. » Au fond, le chrétien apprend à bien mourir, c'est-à-dire à ne reposer petit à petit que sur Dieu. Que considérons-nous comme indispensable pour être heureux ? Si notre liste est la suivante: la santé parfaite, la beauté et la jeunesse, telles performances sportives, une progression constante de mon chiffre d'affaires, la possibilité de voyager, de passer des vacances dans de bons hôtels, mes deux voitures et ma moto, de bons résultats scolaires pour mes enfants, puis de belles situations, une bonne réputation, une reconnaissance sociale..., attendons-nous à devoir vivre de nombreuses pertes, car plus nous avons d'attachements, plus nous aurons de deuils à faire.

Mais on peut établir d'autres listes. En voici une: un minimum de santé et de sécurité matérielle, une activité motivante car utile aux autres, le bonheur de celles et ceux qui comptent pour moi, la présence de l'être aimé, de bonnes relations avec moi-même et avec les autres, un sens à ma vie, un vécu en cohérence avec mes valeurs, la certitude que je suis aimé de Dieu et qu'il m'offre la vie pour toujours. C'est parce que je mets ma confiance en Dieu que j'aborderai le « rendez-vous de tous les vivants », selon la belle expression de Job (Jb 30, 23), avec espérance.

À cet apprivoisement de notre mort coopère la Vierge Marie dans son intercession maternelle, à chaque « Je vous salue Marie, maintenant et à l'heure de notre mort ».

III. Les morts ne sont pas ceux qu'on croit

193. « Ici reposent... »

On raconte qu'un jeune Corse avait été embauché comme employé municipal. Le premier jour, le chef des travaux lui donne une pelle, une pioche, un râteau et une brouette, et l'envoie au cimetière pour désherber les allées. Accaparé par d'autres travaux à diriger, il oublie sa jeune recrue. Quand il repense à lui, il est déjà trois heures de l'après-midi. Il se dit qu'il doit avoir à peu près terminé, mais qu'il serait bon d'aller lui demander si tout va bien. Il pousse la porte du cimetière et quelle n'est pas sa surprise de voir que presque aucun travail n'a été réalisé et que les outils sont appuyés sur un caveau. Il cherche l'employé et le découvre dormant à poings fermés sur une tombe. Il le réveille et lui demande des explications. Un peu vivement, à vrai dire. Et l'autre lui répond candidement : « En arrivant ce matin, j'ai regardé sur la première tombe, il y avait écrit : "Ici reposent..." Sur la deuxième : "Ici reposent..." Sur la troisième : "Ici reposent..." Je me suis dit : « Doumé, tu ne peux pas être le seul à travailler... Alors moi aussi je me suis reposé... »

Dans votre dictionnaire vous pouvez chercher l'origine du mot « cimetière » : il vient du grec *koimêtêrion* qui signifie « lieu où l'on dort » ! On pourrait traduire par dortoir ! Pourquoi le lieu où l'on dépose le corps des morts s'appelle-t-il le dortoir et pourquoi précise-t-on sur chaque tombe : « Ici reposent... » ? Parce que Jésus a dit que la mort est un sommeil. Quel soulagement pour nous de savoir que nos défunts sont libérés des angoisses, de l'anxiété, des tourments qui les ont agités !

194. Repos le plus agréable et danse la plus active

Mais pour parler du Ciel, on ne peut s'en tirer que par des paradoxes... Un verset du Psaume 30 (29) dit : « Tu as changé mon deuil en une danse, mes habits funèbres en parure de joie. » Nos défunts sont plus vivants que nous ! Un des fils du général De Gaulle a écrit ses souvenirs concernant son père, il raconte que lorsque sa sœur, porteuse du handicap de la trisomie 21, est morte, le général a dit à sa femme : « Maintenant elle est comme tout le monde. »

Au cours de la messe d'enterrement d'une jeune handicapée, on a pu entendre ce texte : « Tu as enfin déployé tes ailes, joli papillon ; tu es sortie de ta chrysalide, petite Christine, petite fille de silence et de vie profonde. Tant de secrets, de joie et de souffrances dans ta petite tête, boîte à mystères. Aujourd'hui, tu es debout, tu peux danser dans la lumière, libérée de ton corps coquillage... »

Voici un texte écrit par une femme qui venait de perdre sa maman : « Dans le cortège heureux de ceux qui sont près de Dieu, je te cherche à présent, maman bien-aimée. Ces derniers temps, je t'ai connue soucieuse, tendue, parfois malheureuse. Je te crois aujourd'hui joyeuse et confiante, comme le sont les enfants. Je t'ai connue vieillie, hésitante, toujours inquiète et si fragile. Je te sais vibrante, pleine de force et d'élan, comme le sont les jeunes gens... »

Si vous allez voir la fresque de l'abbaye de la Chaise-Dieu qui s'appelle la danse macabre, le guide vous fera remarquer que ce sont les squelettes qui esquissent des pas de danse alors que les personnages qu'ils entourent sont figés dans leurs habits de riches, dans leur orgueil, dans leurs mensonges, dans leur égoïsme.

Jésus nous apprend que le partage entre les vivants et les morts ne se fait pas entre les actifs et ceux qui sont au cimetière, mais entre ceux qui sont greffés sur Dieu et ceux qui se rangent dans le parti du démon (« Dieu n'a pas fait la mort » [Sg 1, 13]). Il y a bien des façons de se couper du Seigneur, de scléroser notre cœur, de nous recroqueviller sur nous-mêmes, au fond, de nous laisser mourir.

195. Un jour d'ouragan

Donc une question nous est posée. Disons-la par une parabole Nous sommes en Extrême-Orient. Un orage épouvantable s'abat sur l'aéroport d'une grande ville. Les passagers se précipitent à travers la piste pour rejoindre leur avion. Un missionnaire, trempé jusqu'aux os, réussit à trouver une place agréable à côté d'un hublot. Une gracieuse hôtesse aide les autres passagers à s'installer. Le décollage est imminent et un membre de l'équipage ferme la lourde porte de l'avion. Tout à coup surgit un homme sur la piste. Il court vers l'avion et se protège comme il peut en serrant son imperméable. Le retardataire frappe énergiquement à la porte de l'avion et demande qu'on lui ouvre. En faisant des signes, l'hôtesse lui explique que c'est trop tard. L'homme insiste et redouble ses coups contre la porte. L'hôtesse cherche à le convaincre d'abandonner. À travers le hublot, elle essaye de se faire comprendre : « C'est impossible, c'est trop tard, nous devons partir, nous n'avons plus le temps ! » Rien à faire ! L'homme insiste et veut absolument entrer. L'hôtesse finit par céder et ouvre la porte. Elle tend la main à ce retardataire et l'aide à se hisser à l'intérieur de l'avion. Oh, surprise ! cet homme était le pilote de l'avion !

Le seul risque qui nous menace, n'est-ce pas de laisser à terre le pilote de notre vie ? La femme hémorroïsse a retrouvé la vie en allant elle-même au contact de Jésus ; la fille de Jaïre a retrouvé la vie parce que d'autres ont eu assez de foi pour parler d'elle à Jésus[1]. C'est tout le sens de notre présence à la messe : chacun communie pour lui-même à Jésus pour être de plus en plus vivant. Chacun a aussi à lui présenter tous ceux qui ne sont pas vraiment vivants.

196. Pédagogie pour l'au-delà

Il y a quelques années, la télévision avait diffusé un téléfilm bouleversant : *Ben n'aura jamais 10 ans*. L'histoire a de quoi toucher toutes les familles : un jeune couple dont les trois petits garçons sont hémophiles attend joyeusement son quatrième enfant, lorsque les parents, atterrés, apprennent que Ben, l'aîné, a le sida. Pleins de foi (ce sont des mormons pratiquants), ils dominent leur révolte pour entourer Ben de plus de tendresse encore que de coutume et essayer de rester une famille où l'on sait accueillir les joies tremblantes des rémissions de la maladie, la joie immense de la naissance d'un bébé qui n'est pas hémophile. Mais ils vivent dans une tension constante,

1. Mc 5, 25-43.

les séjours de Ben à l'hôpital devenant de plus en plus pénibles. Ils sentent qu'il faut préparer Ben à la mort. Greg, son père, explique à Ben que s'il meurt, il ne mourra pas tout entier : « Tu vois ma main ? Elle est active, elle sait ce qu'elle fait... elle est comme l'esprit. » Puis il enfile un gros gant de travail. « Mon gant la suit, mais ce n'est pas lui qui commande. Et si je l'enlève, ma main reste vivante. » Ben comprend, dit gravement : « Si je meurs, mon corps sera comme le gant. » Ce qui est admirable dans cette scène, c'est sa sobriété. Il y en a d'autres, à la fois poignantes et charmantes : celle où Ben lit à ses parents le testament par lequel il lègue à ses frères ses petits trésors ; celle où, à un visiteur d'hôpital (un jeune homme qui aide Claire à ne pas s'effondrer en lui permettant de se reposer tandis qu'il parle avec Ben dans sa chambre, ou le promène dans le jardin) il dit : « Tu m'aides maintenant. Quand je serai mort, c'est peut-être moi qui serai ton ange pour t'aider. » Les mormons pratiquants que sont Claire et Greg ne semblent pas avoir sur la vision béatifique ni sur la communion des saints des idées claires. C'est pourquoi cette intuition qu'a Ben de son rôle à venir est si frappante. Mais ce film est un chef-d'œuvre, un hymne à la vie.

197. Passionné de rugby

Un papa assistait à tous les matches de rugby de son fils Jérémy. Et voilà que la veille où Jérémy devait jouer la finale, ce papa qui est son plus fervent supporteur meurt d'une rupture d'anévrisme. Les dirigeants et l'entraîneur, ne pouvant pas annuler la rencontre, proposent, la mort dans l'âme, à Jérémy de ne pas jouer. Mais Jérémy y tient et il va tellement se défoncer qu'il va être à l'origine d'un essai déterminant pour son équipe qui remporte la finale. Jérémy dira : « J'ai une peine immense, bien sûr, mais j'ai aussi une grande joie car je sais que pour la première fois de sa vie, mon papa m'a vu jouer. » Son papa, en effet, était aveugle.

Outre le beau témoignage de foi en la vie éternelle de ce jeune rugbyman, on peut dire que le match de rugby est une belle parabole : le chrétien sait qu'un Père très aimant le regarde avec attention, il est sûr de sa bienveillance, même si les « éclairages » du monde nous éblouissent et nous cachent sa présence, sa tendresse, son attention pour nous. Une relation unique est établie entre Dieu et chacun de nous, et nous pouvons cheminer sur la scène du monde, confiants d'être regardés et aimés par Celui qui est là pour nous.

AH, LES VACHES !!
ILS NOUS FONT LE COUP DE LA PORTE ÉTROITE!
GUÉZOU

Table des matières

Achevé d'imprimer en octobre 2016 sur rotative numérique Prosper
par Soregraph à Nanterre (Hauts-de-Seine).

N° d'impression : 15459

Imprimé en France

L'imprimerie Soregraph est titulaire de la marque
Imprim'vert® depuis 2004.